Adosphère

B1 · Méthode de français · 4

Fabienne Gallon,   Catherine Macquart-Martin

Cahier d'activités

hachette
FRANÇAIS LANGUE ÉTRANGÈRE
www.hachettefle.fr

POUR LE CAHIER D'ACTIVITÉS

Couverture : Nicolas Piroux

Création du graphisme intérieur : Anne-Danielle Naname

Adaptation de maquette : Valérie Goussot

Mise en pages : Delphine D'Inguimbert et Oxygène multimédia

Illustrations : Magalie Foutrier

Secrétariat d'édition : Sarah Billecocq

POUR LE CD-ROM

Sérigraphie : Nicolas Piroux

Auteur des activités : Adeline Gaudel

Conception, ergonomie et graphisme : La Petite Graine

Logiciel de création d'activités autocorrectives : Grupo Santa Maria

Intégration : DESK

Les activités du CD-Rom sont à faire en renforcement, elles sont signalées par le logo dans les pages Mon auto-évaluation.

ISBN : 978-2-01-1558732

© Hachette Livre 2012.

Achevé d'imprimer en Italie par «La Tipografica Varese Srl» Varese
Dépôt légal : juin 2017 – Collection n° 10 – Édition 07
15/5873/3

Bienvenue
dans Adosphère 4 !

1 **a.** Sous chaque dessin, écris le numéro de la stratégie correspondante.
b. Complète le tableau avec les numéros des stratégies.

1. Regarde le titre du document avant de le lire.

....

6. Fais relire ton texte par un(e) camarade avant de le donner à ton professeur.

....

2. Observe les gestes de la personne qui parle.

....

7. Avant de faire une présentation orale, entraîne-toi au moins une fois et enregistre-toi, si tu le peux.

....

3. Écris un brouillon avant d'écrire la version définitive d'un texte.

....

8. Écris les mots que tu veux apprendre dans un petit cahier ou sur des fiches.

....

4. Utilise un code de couleurs pour apprendre le genre des mots un peu difficiles à retenir.

....

9. Travaille avec un(e) partenaire. C'est plus motivant et plus efficace !

....

5. S'il y en a, regarde les illustrations pour t'aider à comprendre le document.

....

10. Si le texte est long, cherche d'abord l'idée principale avant de comprendre les idées secondaires.

....

Écouter, parler, parler en continu, lire, écrire	Apprendre, mémoriser
....	....
....	....
....	....

Ces stratégies sont des stratégies de communication. Elles peuvent te servir pour toutes les langues que tu utilises.

Ces stratégies sont des stratégies d'apprentissage. Elles peuvent te servir pour tout ce que tu apprends à l'école ou ailleurs !

Bienvenue dans Adosphère 4 !

2 Imagine. Tu dois réviser du vocabulaire pour réussir un devoir sur les sports pratiqués par les jeunes. Voici quelques sports que tu as appris dans *Adosphère* 1 et 3.

cyclisme	tennis	boxe	danse	basket	golf	football

natation	yoga	athlétisme	équitation	tir à l'arc

a. Lis les stratégies ci-dessous et coche en vert celles que tu fais déjà pour apprendre et/ou réviser du vocabulaire.

b. Coche en rouge deux stratégies que tu pourrais essayer dans les prochaines semaines.

☐ **1.** J'utilise les mots que j'ai du mal à mémoriser dans une phrase.

Exemple : *J'aime le* vélo *et je fais du* VTT *sur les chemins.*

☐ **2.** Je crée une carte mentale avec les mots à apprendre.

☐ **3.** Je me fabrique des cartes : d'un côté, je dessine l'image correspondant au mot, de l'autre côté j'écris le mot en français. Je regarde les cartes régulièrement pour apprendre les mots. Quand je connais le mot, je mets la carte de côté. Si je ne connais pas le mot, je garde la carte.

☐ **4.** Je crée un rap avec les mots que je veux mémoriser.

Exemple : *Le* sport*, c'est chouette*
Moi, je fais du basket *!*
Le sport*, c'est pas pour les bébés*
Moi, je fais du karaté *!*

☐ **5.** Je fais une liste : j'écris en bleu les noms masculins et en rose les noms féminins.

Exemple :

Le football	La danse
Le volley	La natation
Le rubgy	La planche à voile
Le karaté	La boxe

☐ **6.** J'utilise un traitement de texte sur mon ordinateur pour écrire des mots et les classer soit par ordre alphabétique, soit par genre, soit par thème…

☐ **7.** Je dis un mot puis je ferme les yeux et j'imagine une scène dans laquelle l'objet correspondant au mot est utilisé.

☐ **8.** Je compare les mots avec ceux que je connais dans d'autres langues.

Exemple : *Le* football*, c'est comme en anglais !*

3 **As-tu des ressources autour de toi ?**

a. Avec qui peux-tu réviser le français ? Écris le nom d'un(e) ou de plusieurs partenaire(s) (camarade de classe, amis, parents, frères, sœurs…).

....

b. As-tu un dictionnaire chez toi ou au collège pour apprendre le français ? Si oui, écris son titre.

....

c. Connais-tu des sites pour faire des exercices en ligne en français ? Si oui, écris leur adresse. Si non, demande à tes amis ou à ton professeur et note-les.

....

....

d. Connais-tu des sites pour écouter et regarder des clips en français ? Si oui, écris leur adresse. Si non, demande à tes amis ou à ton professeur et note-les.

....

....

4 **Pour réussir à apprendre, il faut aussi avoir des objectifs ! Note tes objectifs.**

a. Cette année en français, je veux être capable de :

– présenter à ma classe le métier que je veux faire plus tard.

– ....

– ....

– ....

– ....

b. Après plusieurs années d'apprentissage du français, je veux être capable de :

– devenir professeur de français !

– ....

– ....

– ....

– ....

Compare tes objectifs avec ceux de tes camarades de classe !

À chacun sa télé !

Les types de programmes télévisés

1 Dans quels types d'émission peux-tu entendre ces phrases ?
Écris les types d'émission dans la grille et découvre
le mot caché verticalement.

1. Le lion dort tranquillement à l'ombre d'un arbre ; la lionne, elle, surveille les petits qui jouent. → un …

2. Un des deux nominés de la semaine sera expulsé et devra quitter ses camarades. → une émission de …

3. L'Oréal, parce que je le vaux bien ! → une …

4. Le soleil est attendu pour demain sur la moitié nord du pays. → la …

5. Maintenant, nous passons aux résultats du championnat de France de football : L'OM a battu le PSG 2 à 1. → une émission …

6. Mon nom est Bond. James Bond. → un …

7. Et nous accueillons Rihanna, qui va nous interpréter son dernier succès ! → une émission …

8. Homer ? Où sont Bart, Maggie et Lisa ? → un …

9. En politique, les résultats des élections régionales. → le … télévisé

10. Ensuite, nous ajoutons le beurre fondu et le lait dans la farine. → une émission …

→ ....

Exprimer une cause

2 Retrouve dans les mots-mêlés 6 expressions pour introduire une cause.
Attention, elles peuvent être en plusieurs mots !

G	A	R	Ç	O	N	O	P	U	I	S
R	C	O	M	M	E		U	N	I	C
Â	R	L		A	D	N	I	E	L	A
C	Ê	E	C	H	R	I	S		O	R
E	P	A	R	C	E		Q	U	E	T
	E	C	O	L	E	S	U	N	A	S
À	À		C	A	U	S	E		D	E

→ ....

→ ....

→ ....

→ ....

→ ....

→ ....

3 Invente une phrase pour chaque situation. Utilise une expression de la cause différente à chaque fois.

a. Ils ont annulé la retransmission du concert

....

....

b. Il est devenu connu

....

....

c. J'ai changé de chaîne

....

....

d. ....

....

je vais me coucher.

La formation des adjectifs

4 **a. Complète l'adjectif correspondant à chaque verbe.**
b. Associe un type d'émission télévisée à chaque adjectif.

Exemple : *qui distrait*	→ distrayant(e)	→ un jeu télévisé
1. qui invente	→ ....if/ive	→ ....
2. qui manipule	→ ....ateur/atrice	→ ....
3. qui ennuie	→ ....eux/euse	→ ....
4. qui éduque	→ ....atif/ive	→ ....
5. qui instruit	→ ....if/ive	→ ....
6. qui divertit	→ ....ant(e)	→ ....
7. qui fascine	→ ....ant(e)	→ ....
8. qui surprend	→ ....ant(e)	→ ....
9. qui fatigue	→ ....ant(e)	→ ....
10. qui choque	→ ....ant(e)	→ ....

Adieu télé ?

L'ordinateur

1 Quels éléments de la colonne B servent à faire les actions de la colonne A ? Associe.

A
a. écrire
b. enregistrer (graver) des documents (textes, musique, vidéos…)
c. imprimer des documents (textes, photos…)
d. numériser (copier en faisant une photo) des documents
e. écouter
f. déplacer le curseur sur l'écran de l'ordinateur
g. lire ou écouter des enregistrements (musique, vidéos, films…)
h. visualiser (voir) des documents

B
1. un écran
2. une souris
3. un clavier
4. une clé USB, un CD, un DVD
5. un lecteur de DVD-CD
6. un scanner
7. une imprimante
8. des haut-parleurs

2 Observe le dessin et écris chaque mot de la colonne B (exercice précédent) dans l'étiquette correspondante.

Le passé composé et l'imparfait

3 Conjugue les verbes proposés au passé composé ou à l'imparfait.

La semaine dernière, je / j' .... (voir) un film horrible à la télé :

ce / c' .... (être) un film musical avec Johnny Depp ; il ....

(jouer) le rôle d'un barbier qui .... (tuer) des clients et après, avec l'aide

d'une femme qui .... (tenir) un restaurant, ils en .... (faire)

des pâtés de viande !! Je .... (pas du tout aimer) ce film,

mais ma sœur, elle, ... (adorer). Elle l' .... (enregistrer) et,

en une semaine, elle nous l' .... (repasser) quatre fois !

Le gérondif

4 Complète le tableau. Attention, le gérondif des verbes soulignés est irrégulier !

Infinitif	1ʳᵉ pers. du pluriel du présent	Gérondif
Exemple : *manger*	*nous mangeons*	*en mangeant*
a. faire	nous	....
b. avoir	nous	....
c. devoir	nous	....
d. être	nous	....
e. finir	nous	....
f. savoir	nous	....
g. pouvoir	nous	....
h. vouloir	nous	....

5 Dis ce que font ces personnes en utilisant le gérondif et les expressions suivantes.
écouter de la musique – étudier ses leçons – faire ses devoirs – jouer au tennis – manger – parler au téléphone – regarder la télé – répéter à haute voix

a. Il ....
....
....

c. Ils ....
....
....

b. Elle ....
....
....

d. Elles ....
....
....

La lettre G

6 Écris à côté de chaque mot comment se prononce la lettre « g » dans chaque cas : [g], [ʒ], [ɲ]. Tu peux t'aider de l'alphabet phonétique international, p. 125 de ton manuel.

a. Re**g**arde […], il s'a**g**it […] d'un reporta**g**e […] sur des voya**g**es […] en Polo**gn**e […], en Allema**gn**e […] et en Espa**gn**e […].

b. C'est fati**g**uant […] de voir ce **g**enre […] de pro**g**rammes […] en man**g**eant […].

c. Ima**g**ine […] un dialo**g**ue […] entre ces **g**ens […] et le **g**arçon […] appelé Hu**g**o […].

d. Corri**g**e […] et conju**g**ue […] ces verbes irré**g**uliers […] au **g**érondif […].

LEÇON 3
Choisis ton programme !

La télé : en France et à l'étranger !

1 Lis les textes et complète-les avec les mots suivants : *accident – aider – argent – enfants – look – maison – objets – reportage – tableau – vie (x 2) – violence.*

2 Lis les textes et associe une photo à chaque texte.

a. Rouge Diamant → photo …

b. Bob Ghetto → photo …

c. Famille d'accueil → photo …

d. Louis la brocante → photo …

1.

Rouge Diamant

Campbell Lassiter, un jeune tennisman, doit quitter le circuit professionnel pour s'occuper de son père malade ; il gagne alors sa .... en donnant des leçons de tennis. Shaylen, sa sœur, poursuit, elle, de brillantes études de violon. Mais la famille commence à avoir de terribles problèmes d'..................................... à cause des soins médicaux de leur père. Un jour, Campbell surprend Scallie en plein cambriolage[1]. Ce voleur de bijoux est une sorte de gentleman cambrioleur moderne, qui agit sans .... Des événements dramatiques vont conduire les deux hommes à s'associer...

Bob Ghetto

Bob Ghetto est un D.J.[2] mais un D.J. pas comme les autres. Avec son .... soigné (cheveux mi-longs, paire de lunettes de soleil sur le nez), il a comme objectif de devenir le plus grand D.J. du monde ! Sa .... va changer le jour où une équipe de télé débarque dans son village natal de Pouilly-sur-Bouze et décide de le suivre pour un .... dans sa conquête de la capitale. Mais n'est pas Bob Sinclar ou David Guetta qui veut !

2.

1 vol dans une maison ; 2 disc-jockey

10

Famille d'accueil

Marion et Daniel Ferrière recueillent[3] des ....
que l'Aide sociale à l'enfance leur confie[4] régulièrement.
Tout le monde vit dans la grande ....
des Ferrière, dans la banlieue[5] de Bordeaux : les enfants
de Marion et Daniel, Tim, Charlotte, Juliette, la fille aînée
de Daniel, et Jeanne, la grand-tante de Daniel, une « ado-
lescente » de 80 ans ! La famille accueille aussi Louise
depuis l'âge de 2 ans, ses parents étant morts dans un
.... de voiture.

3.

4.

Louis la brocante

Louis Roman, la soixantaine[6], est brocanteur[7]. Il est le
père d'une fille, Isabelle, et vit séparé depuis quelques
années de sa femme Maryvonne qui apparaît régulièrement dans la série. Au volant de sa vieille fourgonnette[8],
il part à la recherche des ....
les plus rares : une statuette qui pleure des larmes de
sang, un vieux parchemin[9] mystérieux et même un
.... volé qui se révèle être un
vrai Manet. Mais ce qu'aime Louis par dessus tout, c'est
.... les autres !

3 accueillent dans leur maison ; 4 donne en garde ; 5 périphérie d'une grande ville ; 6 plus ou moins soixante ans ;
7 personne qui vend et achète de vieux objets ; 8 petit camion ; 9 peau d'animal utilisée avant l'apparition des livres

3 **Lis à nouveau les textes et réponds aux questions suivantes sur ton cahier.**

a. Pourquoi Campbell Lassiter n'est-il plus tennisman professionnel ?

b. Comment Campbell Lassiter rencontre-t-il Scallie ?

c. Dans quel domaine Bob Ghetto exerce-t-il sa profession ?

d. Où va Bob Ghetto pour devenir plus connu ?

e. Combien de personnes vivent normalement dans la maison des Ferrière ?

f. Combien d'enfants Marion et Daniel ont eu ensemble ?

g. Quelle(s) est/sont la/les passion(s) de Louis ?

h. Quels types d'objets recherche Louis ?

4 **Sur une feuille ou ton cahier, présente ta série télévisée préférée. (80 mots)**

Mon auto-évaluation

Tu as fini le module 1 ? Maintenant, évalue tes connaissances !

Je peux
identifier des
types de
programmes
télévisés

... / 6

1. Dis de quels types de programmes il s'agit.

a. ....

b. ....

c. ....

d. ....

e. ....

f. ....

Je peux
qualifier des
types de
programmes
télévisés

... / 6

2. a. Retrouve les adjectifs formés à partir des verbes suivants.
b. Dis à quels types de programmes tu pourrais appliquer ces adjectifs.

Exemple : *Ça trompe* → *La publicité, souvent c'est trompeur !*

1. Ça ennuie ! → ....

2. Ça éduque ! → ....

3. Ça instruit ! → ....

4. Ça énerve ! → ....

5. Ça divertit ! → ....

6. Ça surprend ! → ....

Je peux
exprimer
une cause

... / 10

3. Relie les deux colonnes et complète les phrases avec des mots exprimant la cause. Utilise 5 mots différents.

a. Regarde la météo

b. .... tu n'as pas cours demain,

c. J'ai bien compris mon cours de physique,

d. Mes parents ne me laissent pas regarder des émissions de téléréalité

e. .... du film d'horreur qu'on a vu hier,

1. .... à l'émission scientifique que j'ai vue jeudi !

2. tu peux regarder le film, si tu veux !

3. je n'ai pas pu dormir cette nuit !

4. .... tu veux savoir quel temps il va faire !

5. .... ils trouvent ça nul !

4. Conjugue les verbes au passé composé ou à l'imparfait.

– Tu .... (voir) hier l'épisode de *P.J. (Police judiciaire)* ?

– Non. De quoi ça .... (parler) ?

– Les enquêteurs .... (retrouver) le corps d'un bijoutier dans son atelier.

Il .... (être) mort d'une intoxication de cyanure d'hydrogène :

un gaz mortel qu'on utilise dans sa profession. Depuis plusieurs années,

il .... (travailler) avec sa femme et ensemble ils ....

(créer) des bijoux. Mais le lendemain de la mort du

bijoutier, les enquêteurs .... (repêcher)

le corps de sa femme dans le canal Saint-Martin et

ils .... (découvrir) que sur elle il y

.... (avoir) des traces du même gaz.

On .... (passer) une bonne soirée !

5. Dis deux choses que tu peux / sais faire et deux choses que tu ne peux / sais pas faire en même temps. Utilise le gérondif et les expressions.

mâcher du chewing-gum chanter faire mes devoirs jouer à l'ordinateur

dormir prendre une douche écouter du rock manger

a. Je ....

b. Je ....

c. Je ....

d. Je ....

Maintenant, regarde les corrigés p. 63 et indique tes résultats.
Puis complète le portfolio p. 57.

Je t'aime, moi non plus !

La fratrie

1 **Regarde les dessins et complète les phrases avec les noms de famille.**

MARTIN

DUCHAMP

PELLEGRINI

a. Dans la famille ...., l'aînée, Claire, va au lycée Descartes. Le cadet, Théo, est encore au collège et joue dans l'équipe de foot. La benjamine finit l'école primaire cette année.

b. Alex .... connaît bien Théo parce qu'ils sont dans la même équipe de foot. Mais l'aîné et la dernière de la famille ont horreur de ça.

c. Chez les ...., on joue aussi au foot : le cadet et le petit dernier en sont fans. L'aînée est la meilleure amie de Claire.

Les relations interpersonnelles

2 **Reformule les phrases.**

Exemple : *Les parents de Maxim lui disent souvent : « Continue. Tu vas réussir. »*
→ *Les parents de Maxim l'encouragent souvent.*

a. Jade s'entend mal avec son frère aîné.

→ Jade ....

b. Timothée et Max font des projets de sciences ensemble et jouent dans le même groupe.

→ Timothée et Max ....

c. Marie ne parle plus à Camille depuis lundi.

→ Marie ....

d. Quand Tristan a montré sa note de français, sa mère lui a dit qu'il ne travaillait pas assez.

→ Quand Tristan a montré sa note de français, sa mère lui ....

e. Mais quand Tristan a gagné le tournoi de tennis, ses parents lui ont dit : « Bravo ! »

→ Mais quand Tristan a gagné le tournoi de tennis, ses parents l'......

3 **Et toi ?**

a. Avec qui tu t'entends bien dans ta classe ? ....

b. Qu'est-ce que tu fais quand tu es fâché(e) avec un(e) ami(e) et que tu voudrais te réconcilier avec lui/elle ? ....

Exprimer une restriction

4 **Transforme les phrases avec *ne / n'... que / qu'* pour exprimer une restriction, un conseil ou un reproche selon l'indication.**

Exemple : *(un conseil) Tu travailles plus.* → *Tu n'as qu'à travailler plus.*

a. (un conseil) Tu écoutes la musique moins fort.

....

b. (une restriction) Nous avons un ordinateur pour mes frères et moi.

....

c. (un reproche) Tu fais des efforts.

....

d. (une restriction) Mes parents sont exigeants envers moi et pas envers le petit dernier.

....

Exprimer une conséquence

5 **Fais une seule phrase en utilisant le mot entre parenthèses. Attention à l'ordre des phrases !**

Exemple : *(c'est pour ça que) Tu parles mal. Tes parents se fâchent.*
        → *Tu parles mal, c'est pour ça que tes parents se fâchent.*

a. (alors) Nous te félicitons. Tu as fait des efforts avec ta sœur.

....

b. (donc) J'ai aidé ma mère dans la maison. Je peux aller à un concert samedi avec des amis.

....

c. (par conséquent) Il n'a pas d'amis. Il se fâche avec tout le monde.

....

d. (comme ça) Je parle peu à mon frère. On ne se dispute pas.

....

Les pronoms relatifs *qui, que / qu'...*

6 **Complète avec *qui, que / qu', ce qui, ce que / qu', qui est-ce qui, qui est-ce que, qu'est-ce qui* ou *qu'est-ce que*.**

a. .... me plaît chez toi, c'est ta capacité à écouter les autres.

b. .... j'aime chez toi, c'est que tu ne fais jamais de reproches à personne.

c. .... peut s'entendre avec ce garçon ? Il est très désagréable.

d. .... tu dis là est un très bon conseil.

e. Yann est un garçon .... tout le monde adore.

Nouvelle
à chute

Exprimer des sentiments et des sensations

1 **a. Relie chaque phrase à la bonne photo.**

b. Dis quel sentiment ou quelle sensation elles expriment : le dégoût, l'amour ou la haine.

a.

1. « Je me sens malade. Je ne peux rien manger. »

→ ....

b.

2. « Je l'ai vue et j'ai su tout de suite que nous étions fait l'un pour l'autre. »

→ ....

c.

3. « Cette musique… C'est nul, ça ne me plaît pas du tout. »

→ ....

d.

4. « Moi, manger dans un fast-food ? Jamais. Je déteste ça ! »

→ ....

2 **Reformule les phrases.**

Exemple : *Le poisson, ça me donne envie de <u>rendre</u>.* → *Le poisson, ça me donne envie de vomir.*

a. Son petit frère l'<u>aime beaucoup, beaucoup</u>.

....

b. Cette odeur me <u>dégoûte</u> !

....

c. Dans *Roméo et Juliette*, les familles Capulet et Montaigu <u>se détestent terriblement</u>.

....

3 **Et toi, est-ce que tu aimes la restauration rapide ? Pourquoi ?**

....

....

Les adverbes d'intensité

4 **Mets les mots dans l'ordre pour faire des phrases.**

a. mangé / l' / si / gâteau / je / bon / que / ai / Le / était / entièrement

....

b. de choses / pas / Il / tellement / que / je / à dire / ne / parler / a / peux

....

c. fait / si / Cela / que / je / ne / vue / ai / longtemps / pas / l' / ! / pas

....

d. relations / ne / qu' / sont / tellement / plus / mauvaises / ils / parlent / Leurs / se

....

5 **Écris une phrase pour chaque photo et avec la structure indiquée.**

a. verbe + *tellement* + *que / qu'*

....

b. *tellement* + adjectif + *que / qu'*

....

c. *si* + adjectif + *que / qu'*

....

Les doubles pronoms compléments

6 **Remplace les groupes soulignés par des pronoms.**

a. Il tient la porte à une vieille dame. → ....

b. Stéphane donne les invitations à ses parents. → ....

c. Il doit raconter le spectacle à son meilleur ami. → ....

d. Pour leur anniversaire, on fait la bise à nos parents. → ....

7 **Barre les pronoms en trop.**

a. Le père *la / lui / la* apprendra *la / lui / la*, la recette de la sauce gribiche.

b. Pour traverser la rue, ta main, *la / moi / la* donne *la / moi / la*.

c. Comme tu n'as pas bien entendu ma question, je *la / te / la* répète *la / te / la*.

d. Comme tu n'avais pas bien entendu ma question, je *la / te / l'* ai répétée *la / te / l'*.

e. Tu as un stylo rouge ? Tu peux *me / le / me* prêter *me / le / me*, s'il te plaît ?

f. Je *te / le / te* prête *me / le / me* si tu *me / le / me* rends *me / le / me* vite.

Histoires
de familles

1 **Combien de membres d'une famille sont cachés dans cette grille ?**
Entoure-les dans la grille puis coche la bonne réponse.

☐ 7

☐ 14

☐ 21

T	A	E	U	W	W	O	K	D	Ï	V	W	V	Ç
A	Q	S	J	W	D	E	M	I	S	O	E	U	R
N	U	O	C	O	U	S	I	N	R	D	E	Q	S
T	O	E	P	U	Ç	I	B	E	F	E	B	È	É
E	Q	U	C	Î	L	E	O	U	R	M	E	C	O
Â	C	R	C	O	U	S	I	N	E	I	L	Z	N
B	E	A	U	P	E	R	E	V	R	F	L	R	C
V	Y	H	Y	Ô	M	N	X	R	E	R	E	Ô	L
É	Y	M	Û	H	M	X	M	Ï	K	È	M	E	E
Z	P	È	R	E	È	Ê	H	N	N	R	È	P	É
V	F	G	L	A	R	K	S	À	C	E	R	E	V
L	L	Â	V	N	E	Q	T	N	P	L	E	U	B
G	R	A	N	D	M	È	R	E	X	Ô	E	Ç	È
K	H	Â	M	G	R	A	N	D	P	È	R	E	Ç

2 **Lis le texte et réponds aux questions.**

Leur père ou leur mère font du cinéma, eux aussi !

C'est ainsi qu'on a vu récemment Chiara Mastroianni, la fille de Catherine Deneuve et de l'acteur italien Marcello Mastroianni, jouer dans le même film que sa mère. Chez les Depardieu, le père, Gérard, a donné l'envie de tourner à son fils Guillaume et sa fille, Julie. Pour les Trintignant, le cinéma, c'est une affaire de famille : Jean-Louis, le père est acteur, Nadine, la mère est réalisatrice, les enfants, Marie et Vincent, ont tourné eux aussi… et deux de leurs oncles font également du cinéma. Dans la famille de l'actrice Aurore Auteuil, on joue des rôles depuis trois générations : les grands-parents étaient comédiens, le père, Daniel, est acteur-réalisateur et la mère, Anne Jousset, est également actrice !

a. Combien de familles cite l'article ? Lesquelles ?

....

b. Pour chaque famille, dis combien de membres font du cinéma ou du théâtre.

....

c. Qui a des parents de deux nationalités différentes ?

....

d. Trouve un point commun entre Chiara Mastroianni et Aurore Auteuil.

....

e. Qui est réalisateur ou réalisatrice ?

....

3 **Connais-tu ces personnages de conte ? Relie.**

Blanche-Neige ●   ● **1.** Elle rend visite à sa grand-mère.

Le Petit Chaperon Rouge ●   ● **2.** Ses demi-sœurs veulent l'empêcher d'aller au bal.

Le Petit Poucet ●   ● **3.** Sa belle-mère lui donne une pomme empoisonnée.

Cendrillon ●   ● **4.** Il est rejeté car il est différent de ses frères et sœurs.

Le Vilain Petit Canard ●   ● **5.** Il jette des cailloux pour retrouver son chemin.

4 **Lis et résous ces énigmes.**

a. Trois Belges ont un frère.
Le frère meurt sans laisser de frère.
Comment est-ce possible ?

....

....

b. Monsieur et Madame Laville ont cinq filles. Chacune de ces filles a un frère. Combien y a-t-il de personnes dans cette famille ?

....

....

c. Une femme regarde une photo et dit : « La mère de cette personne était la belle-mère de ma mère. » Qui est la personne sur la photo ?

....

....

d. Deux pères et deux fils mangent ensemble. Pour le dessert, il y a quatre oranges. Chacun prend une orange. Pourtant il en reste une sur la table. Pourquoi ?

....

....

5 **Et toi, peux-tu inventer une énigme sur la famille ?**

....

....

Tu as fini le module 2 ? Maintenant, évalue tes connaissances !

Je peux parler des relations familiales

🔍

... / 4

1. Qui est-ce ? Réponds aux devinettes.

a. Ce sont des frères et des sœurs. C'est une ....

b. C'est la plus jeune des enfants. C'est ....

c. Il y a trois frères. Ce n'est pas le plus âgé et pas le plus jeune non plus.

C'est ....

d. C'est le plus grand des trois frères. C'est ....

... / 4

2. Complète avec les verbes suivants. N'oublie de les conjuguer si nécessaire !

faire des efforts – se fâcher – s'entendre – éviter de

a. J'ai de très bonnes relations avec mes sœurs. Nous .... très bien.

b. Laura et moi nous sommes disputées. C'est terrible de .... avec une très bonne amie.

c. Théo a discuté avec ses parents. Il va .... et

.... mettre la musique trop fort dans sa chambre.

Je peux exprimer une restriction

🔍

... / 4

3. Transforme les phrases suivantes pour exprimer une restriction avec *ne... que.*

a. Mes parents regardent les notes et pas les remarques des profs.

....

b. Jérémie reçoit douze euros d'argent de poche.

....

c. Il peut aller une seule fois au cinéma avec si peu d'argent.

....

d. J'ai parlé dix minutes au téléphone !

....

... / 4

4. Donne un conseil en utilisant *n'avoir qu'à.*

a. Dis-lui que tu l'aimes. → ....

b. Faites plus d'exercices. → ....

c. Sois gentille avec tes parents. → ....

d. Allons nous coucher plus tôt. → ....

Je peux exprimer une conséquence

... / 5

5. Fais des phrases pour exprimer la conséquence et utilise à chaque fois un mot ou un groupe de mots différent.

a. Se disputer pour rien / ne pas être content / je

....

b. Vouloir sortir avec des amis / faire vite son travail / il

....

c. Être son anniversaire / offrir des fleurs à sa grand-mère / Valentine

....

d. Être punie / ne pas pouvoir venir avec eux / Léa et Vincent

....

e. Se disputer souvent avec son frère / ne pas avoir de bonnes relations / elle

....

Je peux exprimer des sentiments et des sensations

... / 5

6. Complète avec des mots en rapport avec les sentiments ou les sensations.

a. Jules et Julia se sont rencontrés il y a trois ans. Depuis ils sont toujours ensemble,

ils ne se disputent jamais. C'est le grand ....

b. Mattéo ne parle plus à Luc depuis longtemps. Ils disent du mal l'un de l'autre.

Entre eux, on peut dire que c'est de ....

c. – Vous avez l'air malade. Vous voulez rendre ?

– Oui, je vais ...., je crois.

d. L'odeur du fromage me ....

ça me donne un ....

Je peux exprimer l'intensité

... / 4

7. Écris une phrase qui exprime l'intensité avec les éléments donnés.

a. Il a mangé vite. Il a mal au ventre.

....

b. Ça fait longtemps que je ne l'ai pas vu. Je ne le reconnais pas.

....

c. Il a des choses à lui apprendre. Il n'aura pas le temps.

....

d. Elle est bavarde. On ne peut pas avoir une conversation rapide avec elle.

....

**Maintenant, regarde les corrigés p. 63 et indique tes résultats.
Puis complète le portfolio p. 58.**

Tous des artistes

Exprimer des goûts et donner une opinion

1 Trouve les expressions qui servent à donner une opinion positive (☺) ou négative (☹).

Exemple : ☹ Affreux !

1. ☐ Intéressant !

2. ☐ C'est laid !

3. ☐ Fascinant !

4. ☐ C'est joli !

5. ☐ C'est moche !

6. ☐ C'est sans intérêt !

7. ☐ Original !

8. ☐ Qu'est-ce que c'est beau !

9. ☐ Superbe !

10. ☐ Horrible !

11. ☐ Fantastique !

12. ☐ C'est chouette !

13. ☐ Magnifique !

14. ☐ Génial !

2 Donne ton opinion sur les œuvres suivantes.

a. ....

b. ....

c. ....

d. ....

Les disciplines artistiques

3 Associe et retrouve 12 disciplines artistiques.

| graphie | sique | rature | pture | néma | rique | sie | se | sin | tecture | âtre | ture |

a. le ci ....

b. la dan ....

c. la mu ....

d. la pein ....

e. la photo ....

f. la scul ....

g. le thé ....

h. la litté ....

i. la poé ....

j. l'archi ....

k. l'art numé ....

l. le des ....

4 **Dis à quelle discipline artistique correspondent les illustrations suivantes.**

a. ....   b. ....   c. ....

Les pronoms démonstratifs

5 **Complète avec un pronom démonstratif.**

a. Tu préfères quelle couleur : .... ou ....?

b. On choisit quelle peinture : .... gauche ou .... droite ?

c. Passe-moi ces pinceaux, s'il te plaît ; .... sont à coté de mon sac.

d. Le tableau que je préfère, c'est .... la fille est en train de rire.

e. L'exposition est bien, mais .... l'an dernier était mieux !

L'interrogation directe

6 **Remplace les mots soulignés par un mot interrogatif.**

Exemple : *Vous interprétez quelle œuvre ?* → *Vous interprétez laquelle ?*

a. Tu préfères quels tableaux ? → .... ?

b. Finalement, tu fais quel dessin ? → .... ?

c. Quelles photos te plaisent le plus ? → .... ?

d. Quelle danse vous présentez au concours ? → .... ?

e. Plus précisément, tu penses à quelles peintures ? → .... ?

f. De quel concours tu veux parler ? → .... ?

L'interrogation indirecte

7 **Complète les interrogations indirectes.**

a. Qui va participer ? → Je me demande .... va participer.

b. Quel jour est le concours ? → Je ne sais pas .... jour est le concours.

c. Qu'est-ce que tu dessines ? → Je veux savoir .... tu dessines.

d. Qu'est-ce qui t'intéresse le plus ? → Dis-moi .... t'intéresse le plus.

e. Est-ce qu'ils se sont inscrits ? → Tu sais .... ils se sont inscrits ?

LEÇON

2

Exprime tes talents !

Vous avez du talent !

La photographie

1 Observe les illustrations et réponds aux questions.

a. Qu'est-ce que c'est ?

→ ....

b. Qu'est-ce qu'elle fait ?

→ ....

c. Qu'est-ce qu'elle utilise ?

→ ....

d. Quelle est la différence entre ces photos ?

→ ....

e. Qu'est-ce qu'elle n'a pas bien fait ?

→ ....

f. Qu'est-ce qui change entre ces deux photos ?

→ ....

Situer dans l'espace

2 Observe la photo et choisis, parmi la liste suivante, des mots pour compléter le texte : *à l'intérieur, à l'extérieur, devant, au milieu, au fond, au premier plan, au deuxième plan* ou *à l'arrière-plan.*

Cette photo a été prise .... , on voit le château de Versailles. .... , il y a une fontaine et .... , on voit un jardin bordé de statues et d'arbres, et des personnes qui se promènent.

24

Connaître et *savoir*

❸ Complète avec *savoir*, *connaître* ou *s'y connaître*, conjugués au présent.

a. Est-ce que tu .... comment fonctionne le flash ?

b. Vous ...., en photographie numérique ?

c. Je <ne .... pas cette marque d'appareils photo !

d. Tu .... faire marcher mon appareil ?

e. Je ne .... pas ces personnes qui sont sur la photo.

L'accord des participes passés

❹ Lis ces affirmations sur l'accord des participes passés et coche   vrai   ou   faux.

a. Avec l'auxiliaire *être* le participe passé ne s'accorde pas.   ☐   ☐

b. Avec l'auxiliaire *être* le participe passé s'accorde avec
le complément d'objet direct.   ☐   ☐

c. Avec l'auxiliaire *avoir* le participe passé ne s'accorde jamais.   ☐   ☐

d. Avec l'auxiliaire *avoir* le participe passé s'accorde si le complément
d'objet direct est placé avant le verbe.   ☐   ☐

e. Avec l'auxiliaire *avoir*, si le complément d'objet direct est placé
avant le verbe, le participe passé s'accorde en genre.   ☐   ☐

❺ Coche la proposition correcte.

a. Vous avez ☐ *fait* ☐ *faits* ☐ *faites* des photos superbes !

b. Ils ont pris la photo juste au moment où elle est ☐ *tombé* ☐ *tombée* ☐ *tombés* par terre.

c. Elle est magnifique, la statue que tu as ☐ *photographié* ☐ *photographiée* ☐ *photographiées*.

d. Tu les as pris quand ☐ *ce monument* ☐ *ces photos* ☐ *ces paysages* ?

❻ Complète avec les participes passés. Fais les accords, si nécessaire.

a. Lucie et Juliette sont .... (aller) à une exposition.

b. L'exposition qu'elles ont .... (voir) était superbe.

c. Au moment où elles sont .... (arriver), l'artiste qui exposait leur a
.... (expliquer) les différents tableaux qu'il a .... (peindre).

d. Lucie et Juliette ont .... (écrire) une critique de l'exposition pour le
journal du collège et la directrice les a .... (féliciter).

La Grande Dame de fer dans l'art

LEÇON 3 — Exprime tes talents !

1 Observe les illustrations et associe chacune d'elles à une discipline artistique.

Exemple : a. le théâtre

b. .... d. ....

c. .... e. ....

2 Lis les textes et associe chacun d'eux à une illustration.

– Château de Chambord : illustration …   – *Le Fils de l'homme* : illustration …

– *Le Penseur* : illustration …   – La béchamel : illustration …

– *L'Avare* : illustration …

a.

b.

c.

Œuvre : Château de Chambord

Artiste(s) : méconnus, sur ordre du roi François 1er

Style : Renaissance

Réalisation : de 1519 à 1547

Pays / région : France / Centre

Autres :

– Les auteurs de la construction ne sont pas connus, mais elle a été sûrement influencée par Léonard de Vinci, alors architecte à la cour de François 1er

– Monument historique (1840) ; patrimoine mondial de l'Unesco (1981)

Page Internet officielle : www.chambord.org

Œuvre : *Le Penseur*

Artiste : Auguste Rodin (1840 - 1917)

Style : sculpture en bronze

Réalisation : 1902

Pays / région : France / Paris – musée Rodin

Autres :

Appelée d'abord *Le Poète*, cette sculpture devait au départ représenter Dante - auteur de la *La Divine Comédie* - devant les portes de l'Enfer et méditant sur son poème

Page Internet officielle : *http://www.musee-rodin.fr/*

Œuvre : *L'Avare*

Auteur : Molière (Jean-Baptiste Poquelin) (1622 - 1673)

Style : comédie en prose en 5 actes

Réalisation : 1668

Autres :

– Inspiré d'une pièce de Plaute intitulée *La Marmite*

– Répliques célèbres : « Il faut manger pour vivre, et non pas vivre pour manger », « Je me meurs, je suis mort, je suis enterré. »

Œuvre : *Le Fils de l'homme*

Artiste : René Magritte
(1898 - 1967)

Style : Surréalisme

Réalisation : 1964

Pays : Belgique

Autres :

Dans les années 80, Linda
McCartney a acheté les lunettes
de René Magritte et les as
offertes à son mari, Paul
McCartney, grand admirateur
du peintre. Il dit les porter
régulièrement pour « lire les
petites lignes »

Page Internet officielle :
http://www.magritte.be/

Œuvre : La béchamel

Auteur : Louis de Béchameil
(1630 - 1703)

Style : sauce à base de beurre,
de farine et de lait

Réalisation : XVIIe siècle

Pays / région : France / Centre

Autres :

Louis de Béchameil
a été intendant de la police,
de la justice et des finances,
puis maître d'hôtel de Louis
XIV. Il est surtout connu comme
gourmet et amateur d'art ;
il a perfectionné une sauce déjà
existante qui porte
aujourd'hui son nom

d.

e.

3 **Lis les textes et relie les deux colonnes.**

a. Paul McCartney (ex-chanteur des Beatles)

b. Dante Alighieri (écrivain italien)

c. Léonard de Vinci

d. Molière

e. Louis de Béchameil

1. François 1er

2. René Magritte

3. Jean-Baptiste Poquelin

4. Louis XIV

5. Auguste Rodin

4 **Retrouve dans les textes…**

a. une / des œuvres du XXe siècle : ....

b. un artiste / auteur francophone mais pas français : ....

c. une œuvre qui appartient au patrimoine mondial de l'Unesco : ....

d. une œuvre en relation avec la poésie et une autre en relation avec la prose :

....

5 **Choisis un auteur ou une des œuvres présentées sur ces pages et cherche des renseignements sur lui / elle. Écris un texte de 60 mots sur ton cahier.**

Œuvre : ....

Auteur / artiste : ....

Style : ....

Réalisation : ....

Pays / région : ....

Autres : ....

6 **Choisis une œuvre de ton pays et remplis sa fiche.**

....

....

Mon auto-évaluation

Tu as fini le module 3 ? Maintenant, évalue tes connaissances !

Je peux exprimer des goûts, donner une opinion

.../3

1. Donne ton opinion sur les œuvres d'art éphémère suivantes.

a. b. c.

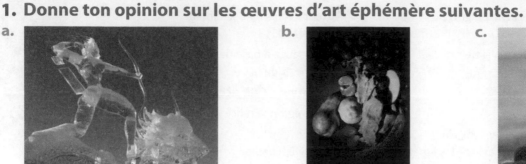

a. ....

b. ....

c. ....

.../8

2. Complète avec un pronom démonstratif et, si nécessaire, une préposition ou un pronom relatif.

a. Tu préfères quel projet : .... Gaël ou .... Noémie ?

b. Vous allez voter pour quelle œuvre : pour .... ou pour .... ?

c. Tu parles de quelle sculpture ? .... tu as présentée au concours ?

d. À mon avis, les projets de notre classe sont moins intéressants que .... les autres classes ont présentés.

e. Tu as participé à quel graffiti : à .... représente un cheval ou à .... il y a une tour Eiffel ?

Je peux identifier des disciplines artistiques

.../6

3. À quelles disciplines artistiques correspondent les photos suivantes ?

a. .... b. .... c. ....

d. .... e. .... f. ....

28

4. Fais cinq phrases pour décrire chaque photo et situer les éléments indiqués dans l'espace.

des îles

la plage

la forêt

des nuages

le ciel

la mer

a.

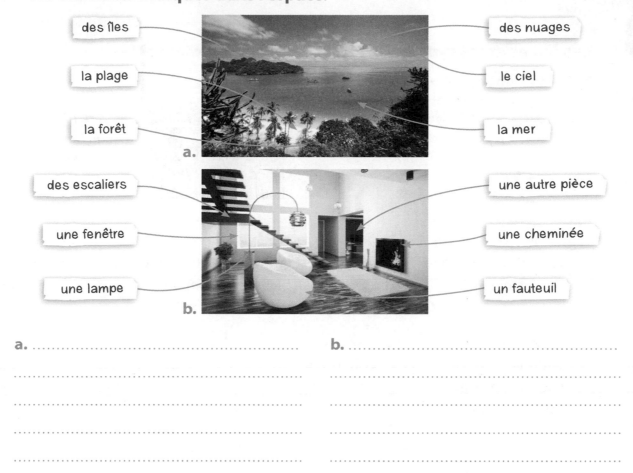

des escaliers

une fenêtre

une lampe

une autre pièce

une cheminée

un fauteuil

b.

a. .... b. ....

....

....

....

....

5. Remplace les groupes de mots soulignés par un pronom formé sur *lequel*.

a. Quelle pièce de théâtre avez-vous vue ? → ....

b. Elle a assisté à quel spectacle ? → ....

c. Tu préfères participer à quels projets ? → ....

d. Quelles œuvres te plaisent le plus ? → ....

e. De quelles expositions tu parles ? → ....

6. Transforme les phrases suivantes en interrogations indirectes.

a. Qu'est-ce qu'ils dessinent ? Je ne sais pas ....

b. Est-ce que vous allez participer ? Elle veut savoir ....

c. Lequel a gagné ? Je me demande ....

d. Qu'est-ce qu'il faut faire ? Dis-moi ....

Maintenant, regarde les corrigés p. 63 et indique tes résultats.
Puis complète le portfolio p. 59.

Plaisir de lire

Les livres et les types de lecture

1 Relie un témoignage à un conseil de lecture.

Exemple :

À la télé, j'aime bien les séries avec du suspens, des enquêtes…

Tu pourrais lire un roman policier.

a. J'aime les histoires qui parlent… d'Histoire, justement.

b. Ce que j'aime dans *Harry Potter* ou *Twilight*, c'est qu'il y a plusieurs tomes. On connaît bien les personnages.

c. Tu peux essayer une BD ou un manga.

d. Moi, lire… bof… J'ai besoin de dessins pour me motiver.

e. Tu n'as qu'à lire cette saga.

f. Tu pourrais lire un roman de cape et d'épée.

g. J'ai adoré *Le Petit Prince.*

h. Je ne veux pas lire de roman ou de conte. Je cherche quelque chose de différent.

i. Pourquoi pas un recueil de poésie ?

j. Je te conseille de lire un conte.

2 Et toi ?

a. Quel est ton type de lecture préféré ?

....

b. Le dernier livre que tu as lu appartenait à quel type / genre ?

....

Situer dans le temps (1)

3 Complète avec *avant* ou *avant de*.

a. Je n'aimais pas beaucoup les romans scientifiques .... lire *Les Fourmis* de Bernard Weber.

b. .... ma découverte de Kishimoto, je ne lisais jamais de mangas.

c. .... le rencontrer au Salon du livre, je n'avais jamais lu de livre de cet auteur.

4 **Transforme comme dans l'exemple.**

Exemple : *Je lis le résumé et après le livre.* → Après avoir lu *le résumé, je lis le livre.*

a. Je cherche des informations sur l'auteur et après je lis un de ses romans.

....

b. Tu vois le film et après tu lis le livre ou, au contraire, tu lis le livre et après tu vois le film ?

....

c. Voici mon conseil : finis ce roman et après, lis celui-ci.

....

Exprimer une durée

5 **Complète que ça fait… *que, depuis, depuis que, pendant* ou *pendant que*.**

a. ....Zac m'a conseillé cette saga, j'ai déjà lu les deux premiers tomes.

b. ....longtemps ...., je n'ai pas lu un bon roman policier.

c. ....hier, Laura est plongée dans son roman.

d. ....tu lis ton magazine, tu ne fais pas tes devoirs…

e. ....les premières pages, je me suis ennuyée. Mais après, c'est génial.

Exprimer une opposition

6 **Réunis les deux phrases en une phrase qui exprime une opposition.**
Utilise à chaque fois une expression différente.

a. J'aime bien les BD en général. Je ne suis pas fan de mangas.

....

b. J'ai reçu le *Sciences et Vie* du mois de mars. Je n'ai pas reçu le numéro de février.

....

c. Pierre lit tous les soirs avant de dormir. Son frère Arthur ne lit jamais.

....

Le pronom relatif dont

7 **a. Complète par *du* ou *de*.**
b. Écris une phrase et ne répète pas le mot souligné.

1. J'ai acheté le <u>livre</u>. Sophie a parlé .... <u>livre</u>.

....

2. Regarde c'est l'<u>auteur</u>. Le dernier roman ....cet <u>auteur</u> a reçu le Prix Goncourt.

....

3. Au cinéma, j'ai vu cette <u>saga</u>. J'adore l'héroïne .... cette <u>saga</u>.

....

Lecture du soir, lecture du matin

L'expression de la peur

1 **Remplace les mots soulignés sans changer le sens de la phrase.**

a. Le jeune lecteur ressent <u>une grande peur</u> mais il en est très content.

....

b. Le vent, la pluie dans la nuit <u>font peur</u>.

....

c. Mais les pirates, <u>qui font peur</u> aussi, arrivent sans bruit.

....

d. Pour avoir des sensations fortes, certains jeunes aiment <u>se mettre volontairement dans des situations effrayantes</u>.

....

e. Si j'étais dans la même situation que l'héroïne de ce roman, <u>je serais terrifié par</u> ce dragon !

....

La presse

2 **Fais les mots croisés.**

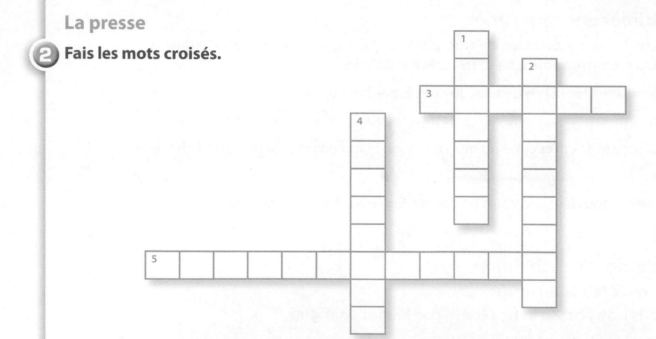

Horizontalement
3. Magazine qui paraît tous les ans.
5. Journal ou magazine qui paraît toutes les semaines.

Verticalement
1. Magazine qui paraît tous les mois.
2. Journal qui paraît tous les jours.
4. Pluriel de « journal ».

Situer dans le temps (2)

3 Complète avec *dès que, de, de, longtemps, toujours, chaque, toutes les, tous les* ou *fois par*.

a. Ma mère est fan d'informations : elle regarde les infos à la télé deux .... jour :

le journal .... 13 h et celui .... 20 h. Et en plus,

elle lit le journal .... matins.

b. Mon père aussi : il reçoit les infos par Internet .... heures et lit aussi

le journal .... matin.

c. Et ce n'est pas tout : ils parlent .... d'infos quand ils sont ensemble.

d. Moi, je suis fan de romans fantastiques : .... je le peux, j'en lis un !

Mais il y a .... que je n'en ai pas lu un très, très bon.

Le subjonctif présent (1)

4 Complète le tableau de ces verbes réguliers au subjonctif présent.

Infinitif	Présent indicatif	Présent subjonctif	Imparfait indicatif	Présent subjonctif
finir	*ils* finissent	*que je* finisse	*nous* finissions	*que nous* finissions
a. venir	ils	que je	nous	que nous ....
b. dire	ils	que je	nous	que nous ....
c. choisir	ils	que je	nous	que nous ....

5 Complète le tableau de ces verbes irréguliers au subjonctif présent.

Infinitif	Subjonctif présent	
a. faire	que je	que nous ....
b. devoir	que je	que nous ....
c. savoir	que je	que nous ....
d. pouvoir	que je	que nous ....
e. vouloir	que je	que nous ....
f. aller	que je	que nous ....
g. être	que je	que nous ....
h. avoir	que je	que nous ....

Les ados
et la lecture

1 **Complète le schéma avec les actions. Conjugue les verbes.**

lire, emprunter des documents, renseigner les utilisateurs, consulter des documents, orienter les recherches, consulter les journaux, préparer un exposé, abonner le collège à des journaux et magazines, s'occuper des prêts, préparer un cours, faire des recherches, consulter des CD-Rom

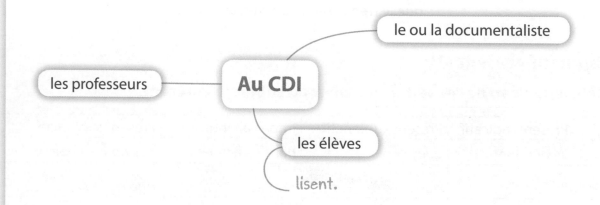

le ou la documentaliste

les professeurs — Au CDI

les élèves

lisent.

2 **Lis les informations ci-dessous puis cherche sur Internet le nom de la personne qui a inventé cette classification :** ....

Pour aider les lecteurs à trouver facilement les documents dont ils ont besoin, les documentalistes utilisent une classification internationale qui donne une couleur et une « côte », c'est-à-dire un code avec trois chiffres, à chaque livre.

000	Généralités, dictionnaires	
100	Philosophie	
200	Religion	
300	Société	
400	Langues	
500	Sciences de la nature et mathématiques	
600	Sciences appliquées / Technologies	
700	Arts – Jeux – Sports	
800	Littérature	
900	Histoire – Géographie	

3 **Sais-tu trouver des documents grâce à la classification ? Complète le tableau.**

	Type de document	Côte	Couleur de l'étiquette
a. Tu as besoin de la traduction d'un mot français.	....	....	■
b. Tu veux une pièce de théâtre dans ta langue maternelle.	une pièce de théâtre	800	....
c. Tu veux lire un roman en anglais.	....	....	■
d. Tu fais un exposé sur les animaux en voie de disparition.	....	....	■
e. Tu fais un exposé sur Napoléon.	....	....	....

4 **Le CDI d'un lycée français a reçu de nouveaux livres et les élèves doivent fabriquer les étiquettes. Il faut la bonne couleur, la côte et les trois premières lettres du nom de l'auteur ou du titre quand il n'y a pas d'auteur.**

Regarde la couverture de chaque nouveau livre et créé son étiquette.

Exemple :

400
GAL

a.

b.

c.

d.

Mon auto-évaluation

Tu as fini le module 4 ? Maintenant, évalue tes connaissances !

Je peux identifier les différents types de lecture

... / 5

1. Regarde les couvertures et dis de quels types de lecture il s'agit.

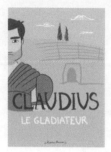

a. .... b. .... c. ....

d. .... e. ....

Je peux situer dans le temps

... / 3

2. Transforme les phrases en suivant les indications.

a. Après avoir lu le premier tome, j'ai tout de suite acheté les autres !

(*après* + nom) ....

b. J'ai lu un roman d'aventures au Mexique après avoir voyagé dans ce pays.

(*avant de* + infinitif) ....

c. Après la découverte des mangas, j'en ai lu des dizaines.

(*après* + infinitif passé) ....

... / 6

3. Complète avec *avant, avant de, dès, dès que, de* ou *après*.

a. .... le début du film, je connaissais la fin parce que j'avais lu le roman.

b. Pour aller au Salon du livre, je prends le train .... 10 h 35.

c. .... la lecture d'un roman, je regarde les illustrations, s'il y en a !

d. Je préfère lire un livre .... voir l'adaptation au cinéma.

e. .... l'interview à la télé de l'auteur, j'ai commandé son livre sur Internet.

f. Je vais à la bibliothèque .... j'ai fini un livre.

4. Associe pour former une phrase.

a. Ça fait ●

b. Il y a un mois ●

c. Depuis ●

d. Depuis que ●

e. Pendant que ●

f. Il y a toujours ●

● 1. Lola a lu ce livre, elle en parle tout le temps.

● 2. la semaine dernière, je lis cette saga.

● 3. une semaine que j'ai commencé ce roman.

● 4. mon père lit le journal, il est très concentré.

● 5. du monde au Salon du livre.

● 6. que je n'ai rien lu.

5. Réponds aux questions.

a. Quel adjectif signifie « tous les jours » ? ....

b. Quel adjectif signifie « toutes les semaines » ? ....

6. Complète avec *chaque, toutes les, tous les* ou *fois par*.

a. L'auteure écrit .... matins de 6 h à 11 h.

b. .... heures, elle fait une pause.

c. .... année, elle publie un nouveau roman policier.

d. Deux à trois .... an, elle répond à des interviews.

7. Choisis une fin pour chaque phrase.

a. Je n'ai jamais lu de livres de cette auteure mais…

☐ 1. je l'ai rencontrée au dernier Salon du livre.

☐ 2. j'ai adoré lire son dernier roman.

b. Mon père lit le journal le matin alors que

☐ 1. ma mère aussi.

☐ 2. ma mère le lit le soir.

c. J'ai vu le film, par contre

☐ 1. je n'ai pas lu le roman.

☐ 2. je l'ai trouvé super.

d. Mon frère adore les romans de science-fiction alors que

☐ 1. moi non plus.

☐ 2. moi, je déteste ça.

Maintenant, regarde les corrigés p. 63 et indique tes résultats.
Puis complète le portfolio p. 60.

Conseils d'orientation

Les classes

❶ Choisis la réponse correcte.

a. À quel âge commence-t-on le collège en France ?   **1.** ☐ à 11 ans   **2.** ☐ à 12 ans   **3.** ☐ à 15 ans

b. À quel âge commence-t-on le lycée en France ?   **1.** ☐ à 11 ans   **2.** ☐ à 15 ans   **3.** ☐ à 16 ans

c. Combien d'années dure le collège ?   **1.** ☐ 3 ans   **2.** ☐ 4 ans   **3.** ☐ 5 ans

d. Combien d'années dure le lycée ?   **1.** ☐ 3 ans   **2.** ☐ 4 ans   **3.** ☐ 5 ans

❷ Écris le nom des classes du début du collège à la fin du lycée.

→ ....

....

Les professions / Les filières

❸ a. Associe les professions de la liste aux filières suivantes.

b. Puis, écris le féminin de chacune de ces professions.

un acteur – un architecte – un avocat – un chanteur – un chercheur – un commerçant – un enseignant – ~~un infirmier~~ – un juge – un médecin – un menuisier – un physicien – un professeur – un vendeur

1. Médecine / Santé → un infirmier (une infirmière) ....

2. Bâtiment / Artisanat → ....

3. Audiovisuel / Arts et spectacles → ....

4. Droit → ....

5. Commerce → ....

6. Éducation → ....

7. Sciences → ....

Le subjonctif présent

❹ Coche vrai ou faux.

	Vrai	Faux
a. Le subjonctif s'emploie pour exprimer un désir ou un souhait.	☐	☐
b. Le subjonctif s'emploie pour exprimer un conseil ou une obligation.	☐	☐
c. Le subjonctif s'emploie pour exprimer un but.	☐	☐
d. Le subjonctif présent de *je, tu, il* et *ils* se forme à partir de la troisième personne du singulier du présent de l'indicatif.	☐	☐
e. Les formes du subjonctif présent de *nous* et *vous* sont identiques à celles du passé composé.	☐	☐
f. Tous les verbes au subjonctif sont réguliers.	☐	☐

Exprimer une obligation, un souhait, un conseil, un but

5 **a.** Conjugue les verbes au subjonctif présent.

b. Dis, pour chaque phrase, s'il s'agit d'une obligation (O), d'un souhait (S), d'un conseil (C) ou de l'expression du but (B).

1. J'aimerais que tu me .... (conseiller). → ...

2. Il faudrait que vous .... (réfléchir) à ce que vous voulez faire plus tard. → ...

3. Il faut absolument que je .... (prendre) rendez-vous avec le conseiller d'orientation ! → ...

4. Je vous écris afin que vous m'............................ (envoyer) des renseignements. → ...

5. Tu veux que nous t'............................ (accompagner) au Salon de l'étudiant ? → ...

Écrire une lettre

6 **Retrouve la place de chaque partie de la lettre.**

a. Valence, le 2 mai 20...

b. Jocelyn Lambert
3 rue des Chênes
26000 Valence

c. À pas de loup
Place du Théâtre
26200 Montélimar

d. Jocelyn Lambert

e. Madame, Monsieur,

f. Objet : demande de renseignements

g. Dans l'attente de votre réponse, veuillez agréer, Madame, Monsieur, l'expression de mes salutations distinguées.

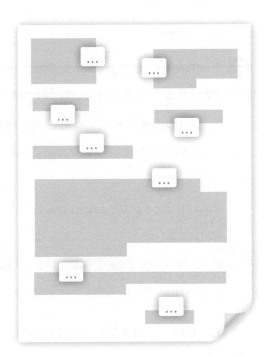

h. J'ai pris connaissance de vos activités pour la protection de la nature sur votre site Internet et je serais intéressé par un de vos projets dans la région de Montélimar ou Valence. Je suis très sensibilisé aux problèmes de l'environnement et j'aimerais beaucoup participer comme volontaire à l'une de vos actions pour la protection de la nature.

7 **Sur ton cahier, écris une lettre pour trouver une occupation (travail, sport, culture, apprentissage d'une langue...) pendant les vacances dans un pays francophone.**

Une fille en béton

Le passé simple

1 **a. Observe les verbes suivants et entoure les 8 autres verbes au passé simple.**

ils prirent	je faisais	nous sommes partis	tu allas
il avait pensé	je sus	tu sortais	elle eut	on voulait
vous fûtes	(il fit)	nous rêvions	elles purent
j'ai eu	nous dûmes	tu voudrais	elle vint	il aimera

b. Écris le passé simple en face de l'infinitif correspondant, comme dans l'exemple.

Exemple : *faire* → il fit

a. aller → ....

b. avoir → ....

c. devoir → ....

d. être → ....

e. pouvoir → ....

f. prendre → ....

g. savoir → ....

h. venir → ....

2 **Remplace les passés simples par des passés composés.**

Exemple : *Jeanne d'Arc naquit en 1412 à Domrémy.* → est née

a. La physicienne Marie Curie est la première femme qui reçut (en 1903) un prix Nobel.

b. L'exploratrice Alexandra David-Néel mourut à l'âge de 101 ans ! → ....

→ ....

c. Claudie André-Deshays, médecin de profession, fut, en 1996, la première femme spationaute française. → ....

d. En 83 ans d'existence (1802-1885), l'écrivain Victor Hugo écrivit 153 837 vers, soit une moyenne de six vers par jour. → ....

Le discours indirect au présent

3 **Replace les verbes suivants, pour rapporter les paroles de quelqu'un, dans la phrase adéquate :** *conseille – demande – ~~dit~~ – explique – propose – répond.*

Exemple : *« On se voit lundi ! » nous dit le professeur.*

a. « Je n'en ai aucune idée ! », me ....-il.

b. « On regarde la télé ? », nous ....-t-elle.

c. « Tu pourrais sortir un peu au lieu de rester toute la journée devant l'ordinateur », lui .... sa mère.

d. « Tu as le mél de Florian ? », me .... mon frère.

e. « Ce n'est pas comme ça qu'il faut faire ! », lui .... Pierre.

4 **Associe de manière à former des phrases.**

ce qu' ●   ● éteindre la télé.
ce qui ●   ● il est occupé.

a. Mon père me dit

d' ●   ● il a lu dans le journal.
qu' ●   ● est important pour mon futur.

ce que ●   ● j'ai fait mes devoirs.
de ●   ● note j'ai eue en maths.

b. Ma mère me demande

quelle ●   ● j'ai fait aujourd'hui.
si ●   ● l'aider.

5 **Transforme au discours indirect.**

a. « Qu'est-ce que tu veux faire plus tard ? »

→ Le mère de Pierre lui demande ....

b. « Tu as déjà choisi une filière ? »

→ Le père de Marie veut savoir ....

c. « Ne mets pas de photos sur ton profil ! »

→ Le frère de Johan lui conseille ....

d. « Tu regardes trop la télé ! »

→ Le meilleur ami de Lucie lui dit ....

Les études

6 **Complète les dialogues avec les verbes proposés.**
ai – ai réussi – as échoué – as passé – dois préparer – suis reçue – veux faire

Tu .... tous tes examens ?

Oui, mais je n'......................... pas encore les notes.

Si tu .... cette école de commerce, tu .... le concours d'entrée bien sérieusement !

Tu .... au concours ?

a.

b.

Bravo ! Toutes mes félicitations !

Non, je l'......................... : je .... !

c.

Professions
et professionnel(le)s

1 Regarde les photos de cette double page. Quels métiers reconnais-tu ?

photo A : ....

photo B : ....

photo C : ....

photo D : ....

photo E : ....

photo F : ....

photo G : ....

photo H : ....

2 Lis le forum et réponds aux questions.

http://leforum.fr

Tu rêves de faire quel métier ?
Laisse ton opinion sur notre forum...

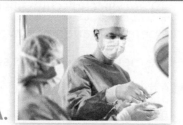

A.

<Ella> Le métier qui me fait rêver c'est actrice, mais je suis réaliste et, en fait, je crois que je vais faire des études de pharmacie.

<Matt> Moi, j'aimerais être journaliste ou photographe.

<Laura> Le métier de mes rêves c'est de pouvoir aider les gens qui se sentent mal dans leur peau, grâce à la musique ou la danse !!!!!!! Un métier en relation avec la psychologie, j'imagine...

<Léon> Moi, je voudrais être créateur de jeux vidéo.

<Léa> Journaliste ou ingénieure en informatique : je suis bonne en orthographe et j'aime bien écrire, raconter... et j'aime aussi beaucoup les nouvelles technologies.

<Anaïs> Moi, je suis passionnée par tout ce qui est commerce ; j'aime voyager, connaître de nouvelles personnes, vivre de nouvelles expériences...

<Mélina> Mon rêve, c'est de dessiner des modèles de voitures pour Ferrari, mais je sais c'est très compliqué car il y a très peu de gens qui font ça, et que c'est encore plus compliqué... si on est une fille !

<Katia> Moi, un métier en relation avec le français, du genre journaliste, avocat, notaire ou prof. Et tout ça, grâce à un prof de français que j'ai eu l'an dernier !

<Marc> Mon rêve, c'est d'être chirurgien ; j'ai eu l'idée de faire ce métier en regardant *Dr House* à la télé ☺. Je sais, ça peut paraître bête mais au moins je sais quelles études je veux faire.

<Alexia> Moi, plus tard, je voudrais être pilote de ligne : mon père est steward et, un jour, il m'a emmenée en voyage avec lui, je suis allée dans le cockpit et j'ai piloté l'avion pendant quelques secondes avec le pilote automatique ! C'était génial !!

<Anne-Sophie> J'aimerais faire un métier en relation avec les arts plastiques : graphiste par exemple. J'adore retoucher les photos sur l'ordi !

<Ahmed> Moi, zoologiste !

<Zoé> Gastronomie !!

<Quentin> Moi, un métier dans la mode, comme styliste, par exemple.

B.

a. Associe un/des prénom(s) à chacune des filières suivantes.

1. Commerce → ....

2. Santé → ....

3. Droit → ....

C.

b. Associe les photos de la double page aux participants du forum.

photo A : ....   photo E : ....

photo B : ....   photo F : ....

photo C : ....   photo G : ....

photo D : ....   photo H : ....

D.   E.   F.   G.

c. Réponds aux questions.

1. Qui a choisi son futur métier grâce à une personne, réelle ou fictive, qui l'a marqué(e) ?
Qui sont ces personnes (réelles ou fictives) ?

→ ....

→ ....

2. Qui est passionné(e) par un moyen de transport ? Lequel ?

→ ....

→ ....

3. Qui est passionné(e) par les animaux ? → ....

4. Qui veut faire un métier où le contact humain est important ?

→ ....   → ....

5. Qui pense que le métier qu'elle a choisi est plus souvent exercé

par des hommes ? → ....

H.

3 **Des métiers évoqués par les participants au forum, lequel préfères-tu ? Pourquoi ?**

....

....

....

....

Tu as fini le module 5 ? Maintenant, évalue tes connaissances !

1. **Iris écrit une lettre pour demander un emploi de monitrice de tennis dans un club, pour les vacances d'été. Sur une feuille, écris sa lettre.**
– l'émetteur (Iris Soupeau, 16 avenue de Paris, 45000 Orléans)
– le destinataire (Club de tennis St-Marceau, 4 Rue Marcel Chaubaron, 45100 Orléans)
– la date (d'aujourd'hui)   – l'objet   – l'interpellation
– l'introduction (où elle explique pourquoi elle écrit)
– le corps de la lettre (où elle parle d'elle, de sa formation…)
– la formule finale de politesse   – la signature d'Iris

Voici quelques renseignements sur Iris. (Attention : tu n'es pas obligé(e) de tous les utiliser.)
Iris a 18 ans ; elle est très sportive, très dynamique et a beaucoup de patience avec les enfants ; elle est très bonne étudiante ; elle adore le tennis (championne régionale) ; elle a une formation d'Assistant Moniteur de Tennis (AMT) et peut entraîner des enfants de 5 à 18 ans ; elle a un diplôme de secourisme.

2. **Dis, dans le système scolaire français, à quelle classe correspond…**

a. ta classe actuelle. = ...

b. ta classe de l'année prochaine. = ...

c. ta classe de l'année dernière. = ...

3. **Écris le nom de chaque profession, au masculin et au féminin.**

Exemple :  → un juge / une juge

a.   **b.**   **c.**   **d.**

un ....   un ....   un ....   un ....
une ....   une ....   une ....   une ....

e.   **f.**   **g.**   **h.**

un ....   un ....   un ....   un ....
une ....   une ....   une ....   une ....

... / 6

4. Dis quelle filière ont suivie les professionnels suivants.

Exemple : *un interprète – un traducteur* → les langues — la communication

a. une avocate → ....

d. une chanteuse → ....

b. un dentiste → ....

e. un caméraman → ....

c. un maçon → ....

f. une représentante → ....

Je peux exprimer une obligation, un souhait, un conseil, un but

... / 5

5. Complète avec les verbes indiqués au subjonctif présent.

a. Il est normal que tu ne .... (savoir) pas encore ce que tu veux faire.

b. Je voudrais que vous m'................................... (expliquer) quelles études je peux suivre pour être vétérinaire.

c. Envoie ta demande aujourd'hui afin qu'ils te .... (répondre) le plus rapidement possible.

d. Je voudrais choisir moi-même et que mes parents me .... (faire) confiance !

e. C'est incroyable qu'on ne .... (pouvoir) pas suivre cette filière au lycée !

... / 5

6. Choisis le subjonctif présent ou l'infinitif.

a. Pour le stage, il faut que tu .... (écrire) à cette adresse.

b. Tu veux .... (faire) quoi plus tard ?

c. Je souhaite .... (suivre) des études de médecine.

d. Il vaut mieux que vous .... (demander) conseil à quelqu'un.

e. Mon père voudrait que je .... (choisir) la même profession que lui.

Je peux rapporter les paroles de quelqu'un

... / 5

7. Transforme les phrases au discours indirect.

a. Je demande au professeur : « Quels exercices doit-on faire ? »

→ Je demande au professeur ....

b. Laurine demande à sa mère : « Maman, tu peux m'aider ? »

→ Laurine demande à sa mère ....

c. Le conseiller me dit : « Réfléchis à cette autre possibilité. »

→ Le conseiller me dit ....

d. Mon père me dit : « Cette profession n'a pas de débouchés ! ».

→ Mon père me dit ....

e. Théo me demande : « Qu'est-ce que tu as décidé de faire ? »

→ Théo me demande ....

**Maintenant, regarde les corrigés p. 64 et indique tes résultats.
Puis complète le portfolio p. 61.**

Quand la fiction devient réalité

Exprimer une opinion négative, un doute, une possibilité

1 **Écris une phrase avec les éléments indiqués. Fais l'élision si nécessaire.**

Exemple : *Je ne crois pas que… / On peut faire des voyages dans une autre galaxie d'ici 2050.* → Je ne crois pas qu'on puisse *faire des voyages dans une autre galaxie d'ici 2050.*

a. Les scientifiques doutent que… / On peut un jour voyager dans le temps.

....

b. Il est possible que… / Je fais des études dans l'aéronautique car j'adore les avions et tout ce qui vole dans l'espace.

....

c. Il se peut que… / Ce nouveau film de science-fiction est un grand succès dans les salles.

....

d. Notre professeur ne pense pas que … / Les jeunes lisent des romans de science-fiction.

....

e. Je doute que… / On construit un jour des routes qui se réparent toutes seules.

....

Exprimer une opinion positive, une certitude

2 **Écris une phrase avec les éléments indiqués.**

Exemple : *Je / croire que / Jules Verne / être un grand inventeur (imparfait)* → Je crois que Jules Verne était un grand inventeur.

a. Mes amis / penser que / je / être créatif (présent)

....

b. Je / être sûr que / la télé-transportation / exister un jour (futur)

....

c. Elle / croire que / nous / devoir protéger notre planète (présent)

....

3 **Champion ! Conjugue le verbe entre parenthèses.**

a. Il est possible que les Hommes (pouvoir) .... aller sur Mars un jour.

b. Je pense qu'il n'(être) .... pas possible pour les Hommes d'aller sur Mars un jour.

c. Il croit qu'il (pouvoir) .... inventer une nouvelle boisson étonnante.

Les pronoms possessifs

4 Réponds à la question comme dans l'exemple.

Exemple : – *Ce sont tes livres ?*

(oui / moi) – *Oui, ce sont* les miens.

a. – C'est ta carte de bibliothèque ? (oui / moi) – ....

b. – C'est ton invention ? (non / lui) – ....

c. – C'est son projet ? (non / nous) – ....

d. – C'est leur création ? (oui / eux) – ....

e. – Ce sont tes lunettes 3D ? (non / elle) – ....

f. – Ce sont tes amis ? (oui / moi) – ....

Le plus-que-parfait

5 Conjugue au plus-que-parfait. Attention à l'accord du participe passé !

a. faire	tu	il	nous	ils ....
b. venir	J'	elle	vous	ils ....
c. finir	tu	elle	nous	vous ....
d. vouloir	j'	il	nous	elles ....
e. croire	tu	elle	nous	ils ....
f. aller	j'	il	nous	elles ....

6 Réponds à la question comme dans l'exemple.

Exemple : – *Quand Jules Verne écrivait ses romans, on voyageait déjà dans l'espace ?*

– Non, on n'avait pas voyagé dans l'espace.

a. – Avant le 21 novembre 1793, les hommes faisaient déjà des vols en montgolfière ?

– Non, ...

b. – Quand Hergé a écrit *On a marché sur la lune*, on marchait déjà dessus ?

– Non, ...

c. Avant le vol de Gagarine en 1961, les hommes allaient déjà dans l'espace ?

– Non, ...

LEÇON **2** Imagine le monde de demain !

Villes du futur ?

Les bâtiments d'une ville

1 Recopie et complète le schéma avec des dessins et les mots suivants : *un appartement, une bibliothèque, une cathédrale, une cité, un collège, un commissariat de police, une école, une église, un étage, une façade, un hôpital, un hypermarché, un immeuble, un lycée, un magasin, une mairie, une maison, une mosquée, une piscine, la poste, un stade, un supermarché, une synagogue, un temple, un toit.*

Les parties d'un bâtiment

Les habitations

Les bâtiments d'une ville

Les bâtiments publics

Les bâtiments commerciaux

Les bâtiments religieux

2 Écris pour chaque personnage le bâtiment dans lequel il / elle se trouve.

a.   b.   c.   d.   e.

....

....

Le passif

3 **Trouve la phrase intruse et dis pourquoi. Regarde bien les verbes !**

☐ **a.** Ce touriste a cherché longtemps la rue Leroux.

☐ **b.** Cette rue est appelée ainsi en souvenir d'un ancien maire.

☐ **c.** Elle est souvent demandée par les gens qui ne connaissent pas la ville.

☐ **d.** Les maisons de cette rue ont été construites au 19ᵉ siècle.

4 **Conjugue la phrase passive suivante aux temps indiqués.**

Cette ville olympique est visitée par des millions de touristes.

a. futur : ....

b. passé composé : ....

c. imparfait : ....

d. plus-que-parfait : ....

5 **Transforme au passif. Attention aux temps des verbes !**

a. On appelle « Belleville » ce quartier de Paris.

....

b. On a annoncé l'arrestation d'un homme dangereux.

....

c. On observe les habitants de la ville avec des caméras.

....

d. Dans le stade, on applaudit le but de l'équipe de foot locale.

....

e. On a interdit la visite de cette très vieille église.

....

Exprimer une concession

6 **Associe les phrases deux par deux. Puis fais une seule phrase en utilisant**
mais **ou** *pourtant* **pour exprimer une concession.**

Exemple : *Il est tard* mais *la ville est encore animée. / La ville est encore animée* pourtant *il est tard.*

a. Il y a beaucoup d'élèves dans ce lycée.

e. Il a habité à Paris de nombreuses années.

b. Il est tard.

f. Le voleur est parti depuis longtemps.

c. La police inspecte le magasin.

g. Il ne connaît pas encore tous les quartiers.

d. Ils sont tous très calmes.

h. La ville est encore animée.

....
....
....

LEÇON 3
Imagine le monde de demain !

Et demain ?

1 **Imagine les avantages de ces fruits et légumes.**

Exemple : Les pommes carrées sont faciles à ranger !

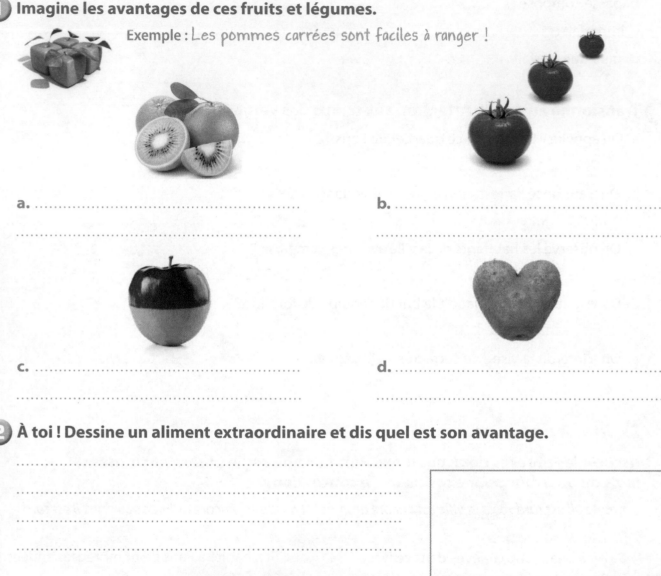

a. ....

....

b. ....

....

c. ....

....

d. ....

....

2 **À toi ! Dessine un aliment extraordinaire et dis quel est son avantage.**

....

....

....

....

3 **Lis l'article et barre l'intrus dans la liste des qualités.**

Les élèves de l'école d'Architecture présentent **les maisons de demain**

Les élèves de l'école d'Architecture ont eu pour projet « Les maisons de demain ».
Ils ont établi une liste des qualités que devront avoir nos futures habitations.

1. Les maisons doivent respecter l'environnement.
2. Chaque membre de la famille doit avoir un espace privé.
3. Les voisins peuvent voir ce qui se passe dans la maison.
4. Quand les habitants sont absents, la maison « dort ».
5. La maison tourne pour que les pièces principales soient au soleil.

④ Ajoute deux autres qualités à la liste de l'article (même si elles n'existent pas encore).

....

....

⑤ Dans quelques années, il n'y aura plus d'essence pour les voitures et les camions. Associe une solution à un domaine.

a. Des robots viendront soigner les malades chez eux. •　　• **1.** L'éducation

b. Les classes seront virtuelles et les cours donnés sur Internet. •　　• **2.** La santé

c. La nourriture sera produite dans les quartiers des habitants et transformée sur place. •　　• **3.** Les loisirs

d. Pour voyager, on changera les murs des habitations et les grands murs autour des villes. •　　• **4.** Les transports

e. On aura plus de temps libre. Dans chaque quartier, il y aura une maison pour se rencontrer, faire ou écouter de la musique, danser… •　　• **5.** Les vacances

f. Les moyens de transport seront souvent collectifs et utiliseront l'énergie solaire. •　　• **6.** L'alimentation

⑥ Les vêtements du futur pourraient nous donner des informations sur notre santé. Barre une information qui ne concerne pas directement la santé.

a. la température du corps

b. les pulsations cardiaques

c. la tension

d. le poids et le pourcentage de graisse

e. les goûts alimentaires

f. le taux de sel dans le corps

⑦ En plus de donner des informations sur notre santé, que pourraient faire les vêtements du futur ? Donne au moins cinq autres propriétés.

....

....

....

....

....

....

Mon auto-évaluation

Tu as fini le module 6 ? Maintenant, évalue tes connaissances !

Je peux exprimer une opinion négative, un doute, une possibilité

... / 6

1. Écris une phrase avec les éléments indiqués. Fais l'élision si nécessaire.

a. On pourra un jour voyager à la vitesse de la lumière.

Je doute que ....

b. Tous les élèves de notre classe réussiront le test.

Il est probable que ....

c. Les villes du futur ne seront plus polluées.

Il se peut que ....

d. On aura assez d'eau dans toutes les régions du monde.

Je ne pense pas que ....

e. Les cultures de l'avenir demanderont moins d'eau.

Il est possible que ....

f. La réalité va parfois plus loin que la fiction ?

Ne pensez-vous pas ....

Je peux exprimer une opinion positive, une certitude

... / 6

2. Écris des phrases avec les expressions suivantes et les éléments donnés. Fais l'élision si nécessaire.

Je suis sûr(e) que / Mes amis et moi pensons que / Crois-tu que / Mon frère pense que

a. réussir cet exercice

....

b. l'avenir être meilleur que le passé

....

c. l'homme marcher un jour sur Mars

....

d. notre planète devoir être protégée

....

Je peux exprimer une concession

... / 4

3. Associe les phrases deux par deux. Puis fais une seule phrase qui exprime une concession.

a. Elle se trouve laide.

b. Les transports en commun sont très développés dans cette ville.

c. C'est une très jolie fille.

d. La mer est loin d'ici.

e. Le bâtiment est ancien.

f. Les habitants se déplacent à pied ou à vélo.

g. On entend le bruit des vagues.

h. Il respecte les normes écologiques.

....

....

....

....

Je peux
exprimer la
possession

.../6

4. Remplace les mots soulignés par un pronom possessif.

a. J'ai trouvé ces livres. Ce sont <u>vos livres</u> ?

....

b. Les recherches sont parfois inutiles. Mais <u>les recherches de ce scientifique</u> sont très intéressantes !

....

c. Toi, tu as tes lunettes. Je cherche <u>mes lunettes</u>. Tu les as vues ?

....

d. Mes parents sont sympas. Mais <u>les parents de mon amie</u> sont super sympas.

....

e. Cette ville me plaît. Mais <u>la ville de mes cousins</u> me semble plus écologique.

....

f. C'est toi qui a fait ce projet sur les immeubles du futur ?
Non, c'est <u>le projet de Léo</u>.

....

Je peux
exprimer
l'antériorité
dans le passé

.../8

5. Conjugue les verbes au plus-que-parfait.

a. Quand Pasteur a trouvé le vaccin contre la rage, un Anglais (utiliser)
.... des années auparavant un vaccin contre la variole.

b. Jules Verne a décrit un sous-marin dans un des ses romans. Sûrement parce qu'il
(voyager) .... plusieurs fois en bateau.

c. Avant que Gagarine parte, on (envoyer) .... des
animaux dans l'espace.

d. Léonard de Vinci (inventer) .... l'hélicoptère
plusieurs siècles avant qu'on en construise un !

**Maintenant, regarde les corrigés p. 64 et indique tes résultats.
Puis complète le portfolio p. 62.**

Mes matières en français

Musique

1 Écris le mot correspondant sous chaque illustration. Attention : il y a plus de mots que d'illustrations !

un bémol – une blanche – une clé – une croche – un dièse – une gamme – une mesure – une partition – une pause – une portée – une ronde – un soupir

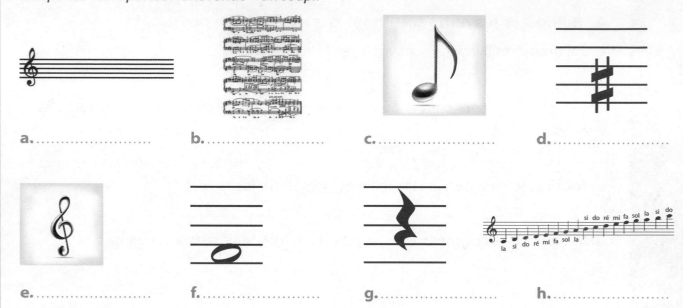

a. ....   b. ....   c. ....   d. ....

e. ....   f. ....   g. ....   h. ....

Histoire

2 **a. Associe pour retrouver des événements historiques.**

A Couronnement de Charlemagne,   •   • **1** sur les Anglais à la Bataille d'Hastings.

B Fin de l'Empire romain   •   • **2** le français comme langue officielle de l'administration.

C Victoire de Jules César   •   • **3** l'empereur des Francs.

D Édit de Villers-Cotterêts par François Ier qui promulgue   •   • **4** sur Vercingétorix à Alésia.

E Victoire de Guillaume le Conquérant   •   • **5** et invasion des Francs.

b. Place sur la frise chronologique les événements de l'exercice a.

....
....
....

-52   476   800   1066   1539

MODULE 7

Mes matières en français

Géographie

3 Coche vrai ou faux.

	Vrai	Faux

a. La France métropolitaine, c'est l'Hexagone, les îles proches et les territoires d'outre-mer. ☐ ☐

b. L'Espagne est un pays frontalier de la France. ☐ ☐

c. La superficie de la France est de 5 000 km² environ. ☐ ☐

d. La montagne la plus haute de France s'appelle le Mont Saint-Michel. ☐ ☐

e. Marseille est la deuxième ville la plus peuplée de France. ☐ ☐

f. Paris est la capitale de la France et de la région Centre. ☐ ☐

Mathématiques

4 Résous les problèmes suivants sur les fractions et les pourcentages sur ton cahier.

a. Tu décides de faire des cadeaux à tes parents et à ta sœur pour Noël. Tu dépenses 3/7 de ton argent pour ton père et 4/9 pour ta mère.
1. Quel cadeau t'a coûté le plus cher ?
2. Quelle fraction de ton argent te reste-t-il pour faire un cadeau à ta sœur ?

b. Un magasin fait 20 % de réduction sur les prix. Combien va te coûter un jean qui était affiché à 105 euros ?

c. Ton professeur de français veut organiser un voyage en France. Une agence de voyages lui propose une réduction : le voyage coûte 325 euros au lieu de 400 euros.
1. Quel est le montant de la réduction ?
2. À quel pourcentage correspond cette réduction par rapport au prix de départ ?

d. Ton collège décide d'acheter de nouveaux buts de football. Le collège paie 3/4 du prix et l'association des parents d'élèves 1/5 de ce qui reste. Le club sportif collabore et apporte 20 % du prix. Est-ce qu'il y aura assez d'argent pour acheter les nouveaux buts ?

Mes matières
en français

Sciences

5 **a. Mets une légende sous chaque photo. Utilise les mots ci-dessous.**

des plantes (céréales) – des éoliennes – des panneaux solaires – une rivière – le soleil – une usine de bio-masse – une usine géothermique – une usine hydroélectrique – la vapeur – le vent

b. Associe les photos dans le tableau : un type d'énergie à la façon de l'exploiter.

a. ....

b. ....

c. ....

d. ....

e. ....

f. ....

g. ....

h. ....

i. ....

j. ....

a.			

Informatique

6 **a. Voici un site pour créer un blog. Complète les indications (les pointillés) avec les mots suivants : *j'accepte – accessible – adresse – case – code – mot de passe – nom.***

b. Remplis les indications (les cases vides) avec les informations de ton choix.

Nom d'utilisateur   http:// [   ] .unblog.fr

Votre blog sera .... à partir de l'URL : http://votre nom.unblog.fr

.... **du blog** [   ] Le titre de votre blog.

.... **mél** [   ]

Nous enverrons votre .... à cette adresse, alors vérifiez-la !

Vérification A 9 29

[   ] Entrez dans la .... le nombre ci-dessus. Il s'agit d'une vérification anti-robots.

Je n'arrive pas à lire le .... ! Cliquer ici pour régénérer l'image.

☐ J'ai lu et .... les conditions générales d'utilisation.

Créer un blog

Mon **portfolio**

Note tes résultats de l'auto-évaluation du module 1 puis lis les consignes.

1 Je peux identifier des types de programmes télévisés. ... / 6

Tu as entre :

5 - 6 points
- Bravo ! Tu peux faire d'autres exercices sur le CD-Rom.

3 - 4 points
- Tu peux relire le tableau, p. 11 de ton manuel.
- Tu peux refaire les exercices 3, 4, 5 et 6, p. 11 et 6, p. 13 de ton manuel.
- Tu peux faire d'autres exercices sur le CD-Rom.

0 - 2 points
- Tu peux relire le tableau, p. 11 de ton manuel.
- Tu peux refaire les exercices 3, 4, 5 et 6, p. 11 et 6, p. 13 de ton manuel.
- Tu peux refaire l'exercice 1, p. 6 de ton cahier.
- Tu peux faire d'autres exercices sur le CD-Rom.

2 Je peux qualifier des types de programmes télévisés. ... / 6

Tu as entre :

5 - 6 points
- Bravo ! Tu peux faire d'autres exercices sur le CD-Rom.

3 - 4 points
- Tu peux relire le tableau de grammaire, p. 12 de ton manuel.
- Tu peux refaire les exercices 11 et 12, p. 12 et 1 et 2, p. 13 de ton manuel.
- Tu peux faire d'autres exercices sur le CD-Rom.

0 - 2 points
- Tu peux relire le tableau de grammaire, p. 12 de ton manuel.
- Tu peux relire le précis grammatical, p. 110 de ton manuel.
- Tu peux refaire les exercices 11 et 12, p. 12 et 1 et 2, p. 13 de ton manuel.
- Tu peux refaire l'exercice 4, p. 7 de ton cahier.
- Tu peux faire d'autres exercices sur le CD-Rom.

3 Je peux exprimer une cause. ... / 10

Tu as entre :

8 - 10 points
- Bravo ! Tu peux faire d'autres exercices sur le CD-Rom.

5 - 7 points
- Tu peux relire le tableau des actes de parole, p. 109 de ton manuel.
- Tu peux refaire les exercices 8, 9 et 10, p. 11-12 et 3, 4 et 5, p. 13 de ton manuel.
- Tu peux faire d'autres exercices sur le CD-Rom.

0 - 4 points
- Tu peux relire le tableau des actes de parole, p. 109 de ton manuel.
- Tu peux relire le précis grammatical, p. 117 de ton manuel.
- Tu peux refaire les exercices 8, 9 et 10, p. 11-12 et 3, 4 et 5, p. 13 de ton manuel.
- Tu peux refaire les exercices 2 et 3, p. 6-7 de ton cahier.
- Tu peux faire d'autres exercices sur le CD-Rom.

4 Je peux raconter au passé. ... / 10

Tu as entre :

8 - 10 points
- Bravo ! Tu peux faire d'autres exercices sur le CD-Rom.

5 - 7 points
- Tu peux relire le tableau de grammaire, p. 15 de ton manuel.
- Tu peux refaire les exercices 11, 12 et 13, p. 15 et 1, 2 et 3, p. 17 de ton manuel.
- Tu peux faire d'autres exercices sur le CD-Rom.

0 - 4 points
- Tu peux relire le tableau de grammaire, p. 15 de ton manuel.
- Tu peux relire le précis grammatical, p. 113 de ton manuel.
- Tu peux refaire les exercices 11, 12 et 13, p. 15 et 1, 2 et 3, p. 17 de ton manuel.
- Tu peux refaire l'exercice 3, p. 8 de ton cahier.
- Tu peux faire d'autres exercices sur le CD-Rom.

5 Je peux évoquer des faits simultanés. ... / 8

Tu as entre :

7 - 8 points
- Bravo ! Tu peux faire d'autres exercices sur le CD-Rom.

4 - 6 points
- Tu peux relire le tableau de grammaire, p. 16 de ton manuel.
- Tu peux refaire les exercices 14 et 15, p. 16 et 4 et 5, p. 17 de ton manuel.
- Tu peux faire d'autres exercices sur le CD-Rom.

0 - 3 points
- Tu peux relire le tableau de grammaire, p. 16 de ton manuel.
- Tu peux relire le précis grammatical, p. 113 de ton manuel.
- Tu peux refaire les exercices 14 et 15, p. 16 et 4 et 5, p. 17 de ton manuel.
- Tu peux refaire les exercices 4 et 5, p. 9 de ton cahier.
- Tu peux faire d'autres exercices sur le CD-Rom.

Mon portfolio

Note tes résultats de l'auto-évaluation du module 2 puis lis les consignes.

1 Je peux parler des relations familiales.
.../8

Tu as entre :

😊 **7 - 8** points
- Bravo ! Tu peux faire d'autres exercices sur le CD-Rom.

😐 **4 - 6** points
- Tu peux relire les tableaux, p. 24 et 25 de ton manuel.
- Tu peux refaire les exercices 6 à 9, p. 25 et 1 à 3, p. 27 de ton manuel.
- Tu peux faire d'autres exercices sur le CD-Rom.

☹ **0 - 3** points
- Tu peux relire les tableaux, p. 24 et 25 de ton manuel.
- Tu peux refaire les exercices 6 à 9, p. 25 et 1 à 3, p. 27 de ton manuel.
- Tu peux refaire les exercices 1 à 3, p. 14 de ton cahier.
- Tu peux faire d'autres exercices sur le CD-Rom.

2 Je peux exprimer une restriction.
.../8

Tu as entre :

😊 **7 - 8** points
- Bravo ! Tu peux faire d'autres exercices sur le CD-Rom.

😐 **4 - 6** points
- Tu peux relire le tableau, p. 26 de ton manuel.
- Tu peux relire le précis grammatical p. 116 de ton manuel.
- Tu peux refaire les exercices 10 à 12, p. 26 et 4, p. 27 de ton manuel.
- Tu peux faire d'autres exercices sur le CD-Rom.

☹ **0 - 3** points
- Tu peux relire le tableau, p. 26 de ton manuel.
- Tu peux relire le précis grammatical, p. 116 de ton manuel.
- Tu peux refaire les exercices 10 à 12, p. 26 et 4, p. 27 de ton manuel.
- Tu peux refaire l'exercice 4, p. 15 de ton cahier.
- Tu peux faire d'autres exercices sur le CD-Rom.

3 Je peux exprimer une conséquence.
.../5

Tu as entre :

😊 **4 - 5** points
- Bravo ! Tu peux faire d'autres exercices sur le CD-Rom.

😐 **3** points
- Tu peux relire le tableau, p. 26 de ton manuel.
- Tu peux relire le précis grammatical, p. 117 de ton manuel.
- Tu peux refaire les exercices 13 et 14, p. 26 et 5, p. 27 de ton manuel.
- Tu peux faire d'autres exercices sur le CD-Rom.

☹ **0 - 2** points
- Tu peux relire le tableau, p. 26 de ton manuel.
- Tu peux relire le précis grammatical, p. 117 de ton manuel.
- Tu peux refaire les exercices 13 et 14, p. 26 et 5, p. 27 de ton manuel.
- Tu peux refaire l'exercice 5, p. 15 de ton cahier.
- Tu peux faire d'autres exercices sur le CD-Rom.

4 Je peux exprimer des sentiments et des sensations.
.../5

Tu as entre :

😊 **4 - 5** points
- Bravo ! Tu peux faire d'autres exercices sur le CD-Rom.

😐 **3** points
- Tu peux relire le tableau, p. 29 de ton manuel.
- Tu peux refaire les exercices 9 et 10, p. 29 et 6 et 7, p. 31 de ton manuel.
- Tu peux faire d'autres exercices sur le CD-Rom.

☹ **0 - 2** points
- Tu peux relire le tableau, p. 29 de ton manuel.
- Tu peux refaire les exercices 9 et 10, p. 29 et 6 et 7, p. 31 de ton manuel.
- Tu peux refaire les exercices 1 à 3, p. 16 de ton cahier.
- Tu peux faire d'autres exercices sur le CD-Rom.

5 Je peux exprimer l'intensité.
.../4

Tu as entre :

😊 **4** points
- Bravo ! Tu peux faire d'autres exercices sur le CD-Rom.

😐 **3** points
- Tu peux relire le tableau, p. 29 de ton manuel.
- Tu peux relire le précis grammatical, p. 112 de ton manuel.
- Tu peux refaire l'exercice 11, p. 29, l'exercice 12, p. 30 et les exercices 1 et 2, p. 31 de ton manuel.
- Tu peux faire d'autres exercices sur le CD-Rom.

☹ **0 - 2** points
- Tu peux relire le tableau, p. 29 de ton manuel.
- Tu peux relire le précis grammatical, p. 112 de ton manuel.
- Tu peux refaire l'exercice 11, p. 29, l'exercice 12, p. 30 et les exercices 1 et 2, p. 31 de ton manuel.
- Tu peux refaire les exercices 4 et 5, p. 17 de ton cahier.
- Tu peux faire d'autres exercices sur le CD-Rom.

Mon portfolio

Note tes résultats de l'auto-évaluation du module 3 puis lis les consignes.

❶ Je peux exprimer des goûts, donner une opinion.   … / 11

Tu as entre :

🙂 **9 - 11** points	😐 **5 - 8** points	🙁 **0 - 4** points
• Bravo ! Tu peux faire d'autres exercices sur le CD-Rom.	• Tu peux relire le tableau, p. 39 de ton manuel. • Tu peux relire le tableau des actes de parole, p. 108 de ton manuel. • Tu peux refaire l'exercice 4, p. 39 et les exercices 6 et 7, p. 41 de ton manuel. • Tu peux faire d'autres exercices sur le CD-Rom.	• Tu peux relire le tableau, p. 39 de ton manuel. • Tu peux relire le tableau des actes de parole, p. 108 de ton manuel. • Tu peux refaire l'exercice 4, p. 39 et les exercices 6 et 7, p. 41 de ton manuel. • Tu peux refaire les exercices 1 et 2, p. 22 de ton cahier. • Tu peux faire d'autres exercices sur le CD-Rom.

❷ Je peux identifier des disciplines artistiques.   … / 6

Tu as entre :

🙂 **5 - 6** points	😐 **3 - 4** points	🙁 **0 - 2** points
• Bravo ! Tu peux faire d'autres exercices sur le CD-Rom.	• Tu peux relire le tableau, p. 39 de ton manuel. • Tu peux refaire l'exercice 6, p. 39 et l'exercice 1, p. 41 de ton manuel. • Tu peux faire d'autres exercices sur le CD-Rom.	• Tu peux relire le tableau, p. 39 de ton manuel. • Tu peux refaire l'exercice 6, p. 39 et l'exercice 1, p. 41 de ton manuel. • Tu peux refaire les exercices 3 et 4, p. 22-23 de ton cahier. • Tu peux faire d'autres exercices sur le CD-Rom.

❸ Je peux décrire une photographie. Je peux situer dans l'espace.   … / 10

Tu as entre :

🙂 **8 - 10** points	😐 **5 - 7** points	🙁 **0 - 4** points
• Bravo ! Tu peux faire d'autres exercices sur le CD-Rom.	• Tu peux relire les tableaux, p. 43 et 44 de ton manuel. • Tu peux relire le tableau des actes de parole, p. 109 de ton manuel. • Tu peux refaire les exercices 9, 10, 13, p. 43-44 ; 3 et 5, p. 45 de ton manuel. • Tu peux faire d'autres exercices sur le CD-Rom.	• Tu peux relire les tableaux, p. 43 et 44 de ton manuel. • Tu peux relire le tableau des actes de parole, p. 109 de ton manuel. • Tu peux refaire les exercices 9, 10, 13, p. 43-44 ; 3 et 5, p. 45 de ton manuel. • Tu peux refaire les exercices 1 et 2, p. 24 de ton cahier. • Tu peux faire d'autres exercices sur le CD-Rom.

❹ Je peux exprimer une interrogation directe ou indirecte.   … / 13

Tu as entre :

🙂 **9 - 13** points	😐 **5 - 8** points	🙁 **0 - 4** points
• Bravo ! Tu peux faire d'autres exercices sur le CD-Rom.	• Tu peux relire les tableaux, p. 40 de ton manuel. • Tu peux relire le précis grammatical, p. 115 de ton manuel. • Tu peux refaire les exercices 10, 11, 12 et 13, p. 40 de ton manuel. • Tu peux faire d'autres exercices sur le CD-Rom.	• Tu peux relire les tableaux, p. 40 de ton manuel. • Tu peux relire le précis grammatical, p. 115 de ton manuel. • Tu peux refaire les exercices 10, 11, 12 et 13, p. 40 de ton manuel. • Tu peux refaire les exercices 6 et 7, p. 23 de ton cahier. • Tu peux faire d'autres exercices sur le CD-Rom.

Mon **portfolio**

MODULE **4**

Note tes résultats de l'auto-évaluation du module 4 puis lis les consignes.

1 Je peux identifier les différents types de lecture. ... / 5

Tu as entre :

😊 **4 - 5** points	😐 **3** points	🙁 **0 - 2** points
• Bravo ! Tu peux faire d'autres exercices sur le CD-Rom.	• Tu peux relire le tableau, p. 53 de ton manuel. • Tu peux refaire les exercices 5, p. 53 et 1 et 2, p. 55 de ton manuel. • Tu peux faire d'autres exercices sur le CD-Rom.	• Tu peux relire le tableau, p. 53 de ton manuel. • Tu peux refaire les exercices 5, p. 53 et 1 et 2, p. 55 de ton manuel. • Tu peux refaire les exercices 1 et 2, p. 30 de ton cahier. • Tu peux faire d'autres exercices sur le CD-Rom.

2 Je peux situer dans le temps. ... / 9

Tu as entre :

😊 **7 - 9** points	😐 **4 - 6** points	🙁 **0 - 3** points
• Bravo ! Tu peux faire d'autres exercices sur le CD-Rom.	• Tu peux relire les tableaux, p. 53 et p. 58 de ton manuel. • Tu peux relire le précis grammatical, p. 117 de ton manuel. • Tu peux refaire les exercices 6 p. 53, 7 p. 54, 3 p. 55, 16 et 17 p. 58 et 5 p. 59 de ton manuel. • Tu peux faire d'autres exercices sur le CD-Rom.	• Tu peux relire les tableaux, p. 53 et p. 58 de ton manuel. • Tu peux relire le précis grammatical, p. 117 de ton manuel. • Tu peux refaire les exercices 6 p. 53, 7 p. 54, 3 p. 55, 16 et 17 p. 58 et 5 p. 59 de ton manuel. • Tu peux refaire les exercices 3 et 4 p. 30-31 et 3 p. 33 de ton cahier. • Tu peux faire d'autres exercices sur le CD-Rom.

3 Je peux exprimer une durée. ... / 6

Tu as entre :

😊 **5 - 6** points	😐 **3 - 4** points	🙁 **0 - 2** points
• Bravo ! Tu peux faire d'autres exercices sur le CD-Rom.	• Tu peux relire les tableaux, p. 53 et p. 58 de ton manuel. • Tu peux relire le précis grammatical, p. 117 de ton manuel. • Tu peux refaire les exercices 6 p. 53, 7 p. 54, 3 p. 55, 16 et 17 p. 58 et 5 p. 59 de ton manuel. • Tu peux faire d'autres exercices sur le CD-Rom.	• Tu peux relire les tableaux, p. 53 et p. 58 de ton manuel. • Tu peux relire le précis grammatical, p. 117 de ton manuel. • Tu peux refaire les exercices 6 p. 53, 7 p. 54, 3 p. 55, 16 et 17 p. 58 et 5 p. 59 de ton manuel. • Tu peux refaire les exercices 5, p. 31 et 3 p. 33 de ton cahier. • Tu peux faire d'autres exercices sur le CD-Rom.

4 Je peux exprimer une fréquence. ... / 6

Tu as entre :

😊 **5 - 6** points	😐 **3 - 4** points	🙁 **0 - 2** points
• Bravo ! Tu peux faire d'autres exercices sur le CD-Rom.	• Tu peux relire le tableau, p. 58 de ton manuel. • Tu peux relire le précis grammatical, p. 117 de ton manuel. • Tu peux refaire les exercices 16 et 17, p. 58 et 5, p. 59 de ton manuel. • Tu peux faire d'autres exercices sur le CD-Rom.	• Tu peux relire les tableaux, p. 58 de ton manuel. • Tu peux relire le précis grammatical, p. 117 de ton manuel. • Tu peux refaire les exercices 16 et 17, p. 58 et 5, p. 59 de ton manuel. • Tu peux refaire l'exercice 3, p. 33 de ton cahier. • Tu peux faire d'autres exercices sur le CD-Rom.

5 Je peux exprimer une opposition. ... / 4

Tu as entre :

😊 **4** points	😐 **2 - 3** points	🙁 **0 - 1** point
• Bravo ! Tu peux faire d'autres exercices sur le CD-Rom.	• Tu peux relire le tableau, p. 54 de ton manuel. • Tu peux relire le précis grammatical, p. 116 de ton manuel. • Tu peux refaire les exercices 8 et 9, p. 54 et 4, p. 55 de ton manuel. • Tu peux faire d'autres exercices sur le CD-Rom.	• Tu peux relire le tableau, p. 54 de ton manuel. • Tu peux relire le précis grammatical, p. 116 de ton manuel. • Tu peux refaire les exercices 8 et 9, p. 54 et 4, p. 55 de ton manuel. • Tu peux refaire l'exercice 6, p. 31 de ton cahier. • Tu peux faire d'autres exercices sur le CD-Rom.

Mon **portfolio**

Note tes résultats de l'auto-évaluation du module 5 puis lis les consignes.

1 **Je peux présenter / écrire une lettre formelle.**　　.../8

Tu as entre :

😊 7 - 8 points

• Bravo ! Tu peux faire d'autres exercices sur le CD-Rom.

😐 4 - 6 points

• Tu peux relire le tableau, p. 68 de ton manuel.
• Tu peux refaire les exercices 11 et 12, p. 68 et l'exercice 6, p. 69 de ton manuel.
• Tu peux faire d'autres exercices sur le CD-Rom.

☹ 0 - 3 points

• Tu peux relire le tableau, p. 68 de ton manuel.
• Tu peux refaire les exercices 11 et 12, p. 68 et l'exercice 6, p. 69 de ton manuel.
• Tu peux refaire les exercices 6 et 7, p. 39 de ton cahier.
• Tu peux faire d'autres exercices sur le CD-Rom.

2 **Je peux parler de l'orientation, de la scolarité, des études et des débouchés professionnels.**　　.../17

Tu as entre :

😊 13 - 17 points

• Bravo ! Tu peux faire d'autres exercices sur le CD-Rom.

😐 9 - 12 points

• Tu peux relire les tableaux, p. 67 et p. 72 de ton manuel.
• Tu peux refaire les exercices 6 et 7, p. 67 et 1, 2 et 3, p. 69 de ton manuel.
• Tu peux faire d'autres exercices sur le CD-Rom.

☹ 0 - 8 points

• Tu peux relire les tableaux, p. 67 et p. 72 de ton manuel.
• Tu peux refaire les exercices 6 et 7, p. 67 et 1, 2 et 3, p. 69 de ton manuel.
• Tu peux refaire les exercices 1, 2 et 3, p. 38 et 6, p. 41 de ton cahier.
• Tu peux faire d'autres exercices sur le CD-Rom.

3 **Je peux exprimer une obligation, un souhait, un conseil, un but.**　　.../10

Tu as entre :

😊 8 - 10 points

• Bravo ! Tu peux faire d'autres exercices sur le CD-Rom.

😐 5 - 7 points

• Tu peux relire le tableau, p. 67 de ton manuel.
• Tu peux relire le précis grammatical, p. 114 de ton manuel.
• Tu peux refaire les exercices 10, p. 67 et 4 et 5, p. 69 de ton manuel.
• Tu peux faire d'autres exercices sur le CD-Rom.

☹ 0 - 4 points

• Tu peux relire le tableau, p. 67 de ton manuel.
• Tu peux relire le tableau des actes de parole, p. 108 de ton manuel.
• Tu peux relire le précis grammatical, p. 114 de ton manuel.
• Tu peux refaire les exercices 10, p. 67 et 4 et 5, p. 69 de ton manuel.
• Tu peux refaire les exercices 4 et 5, p. 38 et 39 de ton cahier.
• Tu peux faire d'autres exercices sur le CD-Rom.

4 **Je peux rapporter les paroles de quelqu'un.**　　.../5

Tu as entre :

😊 4 - 5 points

• Bravo ! Tu peux faire d'autres exercices sur le CD-Rom.

😐 3 points

• Tu peux relire le tableau, p. 72 de ton manuel.
• Tu peux relire le précis grammatical, p. 115 et 116 de ton manuel.
• Tu peux refaire les exercices 14 et 15, p. 72 et 3, 4 et 5, p. 73 de ton manuel.
• Tu peux faire d'autres exercices sur le CD-Rom.

☹ 0 - 2 points

• Tu peux relire le tableau, p. 72 de ton manuel.
• Tu peux relire le précis grammatical, p. 115 et 116 de ton manuel.
• Tu peux refaire les exercices 14 et 15, p. 72 et 3, 4 et 5, p. 73 de ton manuel.
• Tu peux refaire les exercices 3, 4 et 5, p. 40 et 41 de ton cahier.
• Tu peux faire d'autres exercices sur le CD-Rom.

Note tes résultats de l'auto-évaluation du module 6 puis lis les consignes.

1 **Je peux exprimer une opinion négative, un doute, une possibilité.** ... / 6

Tu as entre :

☺ **5 - 6** points

• Bravo ! Tu peux faire d'autres exercices sur le CD-Rom.

😐 **3 - 4** points

• Tu peux relire le tableau, p. 81 de ton manuel.
• Tu peux refaire les exercices 8 et 9, p. 81 et 1 et 2, p. 83 de ton manuel.
• Tu peux faire d'autres exercices sur le CD-Rom.

☹ **0 - 2** points

• Tu peux relire le tableau, p. 81 de ton manuel.
• Tu peux refaire les exercices 8 et 9, p. 81 et 1 et 2, p. 83 de ton manuel.
• Tu peux refaire les exercices 1 et 3, p. 46 de ton cahier.
• Tu peux faire d'autres exercices sur le CD-Rom.

2 **Je peux exprimer une opinion positive, une certitude.** ... / 6

Tu as entre :

☺ **5 - 6** points

• Bravo ! Tu peux faire d'autres exercices sur le CD-Rom.

😐 **3 - 4** points

• Tu peux relire le tableau, p. 81 de ton manuel.
• Tu peux refaire les exercices 8 et 9, p. 81 et 1 et 2, p. 83 de ton manuel.
• Tu peux faire d'autres exercices sur le CD-Rom.

☹ **0 - 2** points

• Tu peux relire le tableau, p. 81 de ton manuel.
• Tu peux refaire les exercices 8 et 9, p. 81 et 1 et 2, p. 83 de ton manuel.
• Tu peux refaire les exercices 2 et 3, p. 46 de ton cahier.
• Tu peux faire d'autres exercices sur le CD-Rom.

3 **Je peux exprimer une concession.** ... / 4

Tu as entre :

☺ **4** points

• Bravo ! Tu peux faire d'autres exercices sur le CD-Rom.

😐 **2 - 3** points

• Tu peux relire le tableau, p. 86 de ton manuel.
• Tu peux relire le précis grammatical, p. 116 de ton manuel.
• Tu peux refaire les exercices 16 et 17, p. 86 et 6, p. 87 de ton manuel.
• Tu peux faire d'autres exercices sur le CD-Rom.

☹ **0 - 1** point

• Tu peux relire le tableau, p. 86 de ton manuel.
• Tu peux relire le précis grammatical, p. 116 de ton manuel.
• Tu peux refaire les exercices 16 et 17, p. 86 et 6, p. 87 de ton manuel.
• Tu peux refaire l'exercice 6, p. 49 de ton cahier.
• Tu peux faire d'autres exercices sur le CD-Rom.

4 **Je peux exprimer la possession.** ... / 6

Tu as entre :

☺ **5 - 6** points

• Bravo ! Tu peux faire d'autres exercices sur le CD-Rom.

😐 **3 - 4** points

• Tu peux relire le tableau, p. 82 de ton manuel.
• Tu peux relire le précis grammatical, p. 110 de ton manuel.
• Tu peux refaire les exercices 10 et 11, p. 82, 3 et 4, p. 83 de ton manuel.
• Tu peux faire d'autres exercices sur le CD-Rom.

☹ **0 - 2** points

• Tu peux relire le tableau, p. 82 de ton manuel.
• Tu peux relire le précis grammatical, p. 110 de ton manuel.
• Tu peux refaire les exercices 10 et 11, p. 82, 3 et 4, p. 83 de ton manuel.
• Tu peux refaire l'exercice 4, p. 47 de ton cahier.
• Tu peux faire d'autres exercices sur le CD-Rom.

5 **Je peux exprimer l'antériorité dans le passé.** ... / 8

Tu as entre :

☺ **7 - 8** points

• Bravo ! Tu peux faire d'autres exercices sur le CD-Rom.

😐 **4 - 6** points

• Tu peux relire le tableau, p. 82 de ton manuel.
• Tu peux relire le précis grammatical, p. 113, le tableau de conjugaison, p.118-119 et la liste des participes passés, p. 120 de ton manuel.
• Tu peux refaire les exercices 12 et 13, p. 82, 5 et 6, p. 83 de ton manuel.
• Tu peux faire d'autres exercices sur le CD-Rom.

☹ **0 - 3** points

• Tu peux relire le tableau, p. 82 de ton manuel.
• Tu peux relire le précis grammatical, p. 113, le tableau de conjugaison, p.118-119 et la liste des participes passés, p. 120 de ton manuel.
• Tu peux refaire les exercices 12 et 13, p. 82, 5 et 6, p. 83 de ton manuel.
• Tu peux refaire les exercices 5 et 6, p. 47 de ton cahier.
• Tu peux faire d'autres exercices sur le CD-Rom.